AF453539

RECUEIL

DE

CANTIQUES ET NOËLS

NOUVEAUX ET ANCIENS

PARIS. — IMPRIMERIE DE E. MARTINET, RUE MIGNON, 2

CANTIQUES

SPIRITUELS

SUR LES

PRINCIPALES VERTUS DE LA RELIGION CHRÉTIENNE

D'APRÈS CEUX

DE P. ROUX

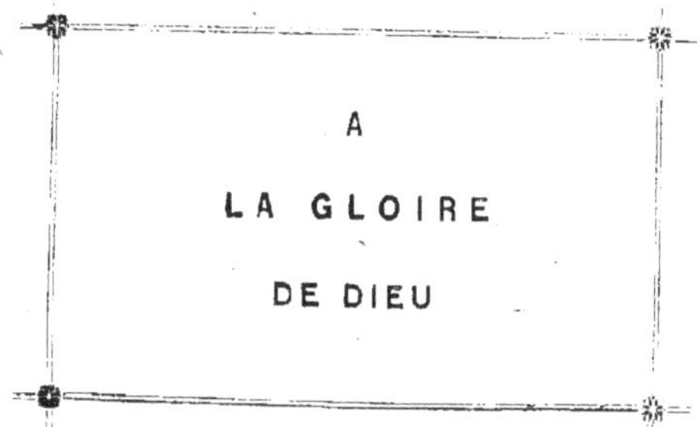

CAP-HAÏTIEN

CHEZ M. J. D. AUGUSTE

—

1873

AU LECTEUR CHRÉTIEN

La nécessité où nous sommes de savoir nos
Mystères et de pratiquer les actes des Vertus
chrétiennes a donné la pensée à plusieurs de
les mettre dans la bouche de tout le monde,
par le moyen des Cantiques, afin d'apprendre
tous ces devoirs et s'élever à Dieu en les chantant; et comme la diversité excite le goût, je
te présente ces Cantiques : puisses-tu, en te
récréant, te familiariser dans les sentiments
de Religion!

Il n'y a ici ni singularité ni nouveauté,
mais naïvement et sincèrement ce que l'Église
croit et ce qu'elle veut que nous pratiquions.
Je te conseille de te rendre ces Cantiques fa-
miliers, en les lisant ou les chantant; j'espère
qu'ils te rendront en la présence de Dieu, et
qu'ils échaufferont ton cœur pour le bien.

Hélas! tant de chansons ou impures ou oisives sont un trésor de colère devant Dieu, qui feront gémir un jour ceux qui auront pris plaisir de les chanter; et au contraire, si tu uses chrétiennement de ces Cantiques, tu verras un jour qu'en te réjouissant tu as gagné des trésors dans le ciel, et souviens-toi que toutes les joies de la terre ne valent pas un moment du Paradis.

CANTIQUES SPIRITUELS

HYMNE A L'ÊTRE SUPRÊME

Air : *Allons, enfants de la patrie.*

Être infini que l'homme adore
Sous des noms, des cultes divers,
Entends d'un peuple qui t'implore
Les vœux et les pieux concerts. (*Bis*)
Que toute la terre fléchisse
Devant ta sainte volonté;
Nous espérons en ta bonté,
Même en redoutant ta justice.
Brise partout les fers de la captivité,
Dieu bon! (*bis*) donne aux mortels la paix, la liberté.

En faisant l'homme à ton image,
Tu le fis libre comme toi;
Vouloir le mettre en esclavage,
C'est donc attenter à ta loi. (*Bis*)
Dieu vengeur! défends ton ouvrage
Des entreprises des tyrans :
Tous les hommes sont tes enfants,
Toi seul mérites leur hommage.
Brise partout les fers de la captivité,
Dieu bon ! (*bis*) donne aux mortels la paix, la liberté.

Approchez, enfants de tout âge,
Jeunes filles venez aussi,
Venez présenter votre hommage
Au Dieu qui nous rassemble ici. (*Bis*)
D'une bouche innocente et pure,
Demandez-lui que tous ses biens

·S'étendent sur les Haïtiens
Comme sur toute la nature.
Brise partout les fers de la captivité,
Dieu bon! (*bis*) donne aux mortels la paix, la liberté.

CHŒUR D'ENFANTS ET DE JEUNES FILLES.

Brise partout les fers de la captivité,
Dieu bon! (*bis*) donne aux mortels la paix, la liberté.

Dieu créateur! suprême essence!
Le ciel plein de ta majesté,
Le ciel atteste ta puissance,
La terre atteste ta bonté.   (*Bis*)
Des astres les disques sublimes
Roulent sous tes pieds glorieux,
Et les éclairs de tes cent yeux
Percent les plus profonds abîmes.

AUX AMES DÉVOTES
LA JOURNÉE CHRÉTIENNE

AIR : *Ah! pauvre Messine, etc.*

L'AME DÉVOTE.

Sauveur débonnaire, mon aimable époux,
Qu'est-ce qu'il faut faire pour n'aimer que vous?
Ma plus grande envie, c'est de m'avancer,
Et passer ma vie sans vous offenser.

JÉSUS.

Si ton cœur désire de m'aimer sans fin,
Je vais t'en prescrire le plus court chemin;
Tâche donc d'apprendre ce que chaque jour
Tu pourras me rendre pour marque d'amour.

Dès que je t'éveille, donne-moi ton cœur,
Prête-moi l'oreille, chasse ta langueur,
Joins à l'eau bénite un signe de croix,
Et puis ne médite que mes saintes lois.

Fais la révérence au saint sacrement,
Et sans nonchalance prends ton vêtement;
T'étant habillée, prie en quelque coin,
Vide et dépouillée de tout autre soin.

Pense à ton ménage après l'oraison,
Et fais quelque ouvrage propre à ta maison;
Aime la retraite,où tu pourras voir
Dans la vie étroite quel est ton devoir.

Si tu veux me plaire, sers avec vigueur
Ma très-digne mère, l'aimant de bon cœur.
Qui lui rend hommage ne craint point la mort,
Et malgré l'orage il arrive au port.

Presse ton bon ange, et soir et matin,
Afin qu'il te change et t'aide à la fin;
Invoque la sainte de ton propre nom,
Contre toute atteinte des traits du démon.

Si rien ne te presse, viens t'unir à moi
En la sainte messe, par la vive foi;
Présente à mon père ton cœur par mes mains,
Et lui fais prière pour tous les humains.

Fais qu'en toute chose, au fond de ton cœur,
Tu ne t'y proposes que mon seul honneur :
L'intention pure, en chaque action,
Accroît d'heure en heure la perfection.

Si quelqu'un te loue, tiens ton cœur bien bas;
Si l'on te baffoue, ne t'en trouble pas :
L'âme qui se fonde sur l'humilité,
Triomphe du monde sans difficulté.

Ne sois pas sévère à l'endroit des gueux,
Secours la misère des pauvres honteux;
Et puisque j'habite dans les hôpitaux,
M'y rendant visite, soulage mes maux.

Au sortir de table, fais très-humblement
A mon père aimable tes remercîments;

La reconnaissance des biens qu'il t'a faits
Produit l'affluence de nouveaux bienfaits.

Chaque créature est un beau miroir,
C'est une peinture où tu peux me voir;
Compare mon être aux êtres divers,
Qui me font connaître partout l'univers.

Fais un saint usage de toutes tes croix,
Ne perds pas courage, j'en soutiens le poids;
Toute la science pour la sainteté,
C'est la patience dans l'adversité.

Fais quelque lecture dans un bon auteur,
Qui grave à toute heure ma loi dans ton cœur;
Si tu ne sais lire, pense à mes travaux,
Gémis et soupire pour tous tes défauts.

Tiens-toi dans le temple sans y sommeiller,
Prie et m'y contemple, loin d'y babiller;
Assiste aux offices, entends le sermon,
Et fais tes délices de bénir mon nom.

Quitte toutes celles qui n'ont point quitté
Les nouvelles modes de la vanité;
C'est l'enfer qui forge, par un tailleur fou,
De montrer la gorge, le bras et le cou.

Si quelque insomnie t'accable la nuit,
Prévois l'agonie et ce qui la suit;
Souffre en ma présence tes veilles en paix,
Pour la récompense qui dure à jamais.

L'AME DÉVOTE.

Relevez, de grâce, mon abattement,
Afin que j'embrasse ce saint règlement;
Sans votre assistance je ne pourrais rien,
Par mon impuissance à faire le bien.

JÉSUS.

Puisque de toi-même tu ne le peux point,
Ta faiblesse extrême m'aura pour adjoint;

Sois humble et fidèle, si tu veux avoir
La gloire éternelle où je me fais voir.

CANTIQUES

I

Air : *Du système.*

Un Dieu vient se faire entendre ;
Cher peuple, quelle faveur !
A sa voix il faut se rendre,
Il demande votre cœur ;

Accourez peuple fidèle,
Venez à la mission,
Le Seigneur, qui vous appelle,
Veut votre conversion.

Dans l'état le plus horrible
Le péché vous a réduits ;
Mais à vos malheurs sensible,
Dieu vers vous nous a conduits.
Accourez, etc.

Sur vous il fera reluire
Une céleste clarté ;
Dans vos cœurs il va produire
Le feu de la charité.
Accourez, etc.

Trop longtemps, hélas ! le crime
Eut à vos yeux des attraits ;
Qu'un saint désir vous anime
A le bannir pour jamais.
Accourez, etc.

Sans tarder changez de vie ;
Sur vos maux, pleurez, pécheurs,
C'est Dieu qui vous y convie ;
N'endurcissez point vos cœurs.
Accourez, etc.

Quel bonheur inestimable,
Si, plein d'un vrai repentir,
De son état misérable,
Le pécheur voulait sortir.
Accourez, etc.

Ah! Seigneur, qu'enfin se fasse
Ce trop heureux changement;
Dans les cœurs, par votre grâce,
Venez agir fortement.
Accourez, etc.

II

Air : *Que n'aimez-vous, cœur insensible.*

Brûlons d'ardeur, brûlons sans cesse,
Brûlons d'ardeur pour le Seigneur;
A n'aimer que lui tout nous presse,
Lui seul mérite notre cœur.
Brûlons d'ardeur, brûlons sans cesse :
Brûlons d'ardeur pour le Seigneur.

Lui seul est grand, saint, adorable,
Lui seul est grand, seul tout-puissant;
Ah! qu'il est bon! qu'il est aimable!
Tout en lui, tout est ravissant.
Brûlons, etc.

C'est le Seigneur tout charitable,
C'est le Seigneur, le Rédempteur;
Oh! qu'un chrétien est donc coupable
Lorsqu'il vit pour lui sans ardeur.
Brûlons, etc.

Plein de bonté pour un coupable,
Plein de bonté, de charité,
Ce Dieu, dans son sang adorable,
A lavé mon iniquité.
Brûlons, etc.

De sa fureur, un Dieu menace,
De sa fureur, notre froideur ;
N'avoir pour lui qu'un cœur de glace,
N'est-ce pas le plus grand malheur ?
Brûlons, etc.

Viens m'animer, amour céleste,
Viens m'animer, viens m'enflammer ;
Plein de dégoût pour tout le reste,
C'est Dieu seul que je veux aimer.
Brûlons, etc.

Ce n'est qu'à vous que je veux être,
Ce n'est qu'à vous, ô Dieu si doux !
Possédez seul, aimable maître,
Un cœur dont vous êtes jaloux.
Brûlons, etc.

Quelle douceur ! quand on vous aime,
Quelle douceur ! ah ! quel bonheur !
On goûte au dedans de soi-même
Une paix qui ravit le cœur.
Brûlons, etc.

Régnez en moi, Dieu tout aimable,
Régnez en moi, mon divin Dieu ;
Pour preuve d'amour véritable,
Que j'admire vos jours précieux.
Brûlons, etc.

C'est mon désir, Dieu de mon âme,
C'est mon désir de vous servir ;
De plus en plus, que je m'enflamme,
Que d'amour je puisse mourir.
Brûlons, etc.

O vérité ! ô bien suprème !
O vérité ! ô charité !
Faites, grand Dieu ! que je vous aime

Dans le jour de l'éternité.
Brûlons, etc.

III

LES PÉCHEURS SONT INVITÉS A LA PÉNITENCE

Air *du Confiteor*.

Venez à la confession,
Chrétiens qui vivez dans le crime :
Le cœur plein de contrition,
Avec un propos légitime,
Vous aurez, à la mission,
De vos péchés rémission.

Commencez à vous corriger
De tous vos péchés d'habitude.
Faites-en votre grande étude.
Vous aurez, etc.

Jureurs, il ne faut plus jurer,
Ni dire ces mots exécrables ;
Cessez aussi de proférer
Tant de paroles détestables.
Vous aurez, etc.

Gens violents et emportés,
Ne vous mettez plus en colère ;
Repentez-vous et détestez
Les maux que vous avez pu faire,
Vous aurez, etc.

Pardonnez à vos ennemis,
C'est l'Évangile qui l'ordonne ;
Si vous les traitez en amis,
Jésus-Christ dit qu'il vous pardonne.
Vous aurez, etc.

Ivrognes, ne prenez du vin
Que ce qui vous est nécessaire ;

A vos débauches mettez fin ;
Tout doit vous porter à le faire,
Vous aurez, etc.

Sortez de vos impuretés,
Impudiques abominables,
Confessez bien vos saletés ;
Tous ces péchés sont effroyables.
Vous aurez, etc.

Larrons, rendez le bien d'autrui,
C'est une chose qu'il faut faire,
Travaillez-y dès aujourd'hui,
Il faut périr ou satisfaire.
Vous aurez, etc.

Vous qui parlez si fréquemment
Mal du prochain en son absence
Abstenez-vous, dès maintenant,
Du vice de la médisance.
Vous aurez, etc.

Pendant l'hiver, chefs de maison,
Ne tenez jamais ces veillées ;
Car il est sûr que le démon
Préside dans ces assemblées.
Vous aurez, etc.

Gens mariés, comportez-vous
Saintement dans le mariage,
Accordez-vous, assistez-vous,
Aimez-vous sans aucun partage.
Vous aurez, etc.

Enfants qui, parmi vos parents,
Vivez sans amour et sans crainte,
Respectez-les en les aimant,
Obéissez-leur sans contrainte.
Vous aurez, etc.

Maîtres, payez fidèlement
De vos domestiques les gages ;
Faites qu'ils vivent saintement,
Votre intérêt vous y engage.
Vous aurez, etc.

Vous servantes et serviteurs,
A vos maîtres soyez fidèles ;
Ne soyez impurs ni jureurs,
Ni vains, ni gourmands, ni rebelles.
Vous aurez, etc.

Confessez bien tous vos péchés
Avec douleur et repentance,
Vous tous qui les avez cachés
Au tribunal de pénitence.
Vous aurez, etc.

DIALOGUE

ENTRE DIEU ET LE PÉCHEUR CONVERTI

AIR : *des folies d'Espagne.*

DIEU.

Reviens, pécheur, c'est ton Dieu qui t'appelle,
Viens au plus tôt te ranger sous sa loi ;
Tu n'as déjà été que trop rebelle :
Reviens à lui puisqu'il revient à toi.

LE PÉCHEUR.

Voici, Seigneur, cette brebis errante
Que vous daignez chercher depuis longtemps ;
Touché, confus d'une si longue attente,
Sans plus tarder, je viens, je me rends.

DIEU.

Pour t'attirer, ma voix se fait entendre ;
Sans me lasser, partout je te poursuis :

D'un Dieu, d'un roi, d'un père le plus tendre,
J'ai les attraits, ingrat, et tu me fuis.

LE PÉCHEUR.

Errant, perdu, je cherchais un asile,
Je m'efforçais de vivre sans effroi;
Hélas! Seigneur, pouvais-je être tranquille
Si loin de vous, et vous si loin de moi?

DIEU.

Attraits, remords, frayeur, secret langage,
Qu'ai-je oublié dans mon amour constant?
Ai-je pour toi dû faire davantage?
Ai-je pour toi dû même faire tant?

LE PÉCHEUR.

Je me repens de ma faute passée;
Contre le ciel, contre vous j'ai péché;
Mais oubliez ma conduite insensée,
Et ne voyez en moi qu'un cœur touché.

DIEU.

Si je suis bon, faut-il que tu m'offenses?
Ton méchant cœur s'en prévaut chaque jour.
Moins de bonté vaincrait tes résistances,
Tu m'aimerais si j'avais moins d'amour.

LE PÉCHEUR.

Que je redoute un juge, un Dieu sévère!
J'ai prodigué ses biens qui sont sans prix.
Comment oser vous appeler mon père?
Comment oser me nommer votre fils?

DIEU.

Ta courte vie est un songe qui passe,
Et de ta mort le jour est incertain;
Ce Dieu si bon qui te promet sa grâce,
Ne te promit jamais le lendemain.

LE PÉCHEUR.

O mon Jésus! ô mon aimable maître!
Unique objet digne de me charmer!

Que j'ai longtemps vécu sans vous connaître !
Que j'ai longtemps vécu sans vous aimer !

DIEU.

Marche au grand jour où j'offre ma lumière,
A sa faveur tu peux faire le bien ;
La nuit bientôt finira ta carrière,
Funeste nuit où l'on ne peut plus rien.

LE PÉCHEUR.

Votre bonté surpasse ma malice,
Pardonnez-moi ce long égarement ;
Il me déplaît, j'en fais mon supplice,
Et pour vous seul j'en pleure amèrement.

DIEU.

Le ciel doit-il te combler de délices,
Dans le moment qui suivra ton trépas,
Ou bien l'enfer t'accabler de supplices ?
C'est l'un des deux, et tu n'y penses pas.

LE PÉCHEUR.

O Dieu d'amour ! ô père des lumières !
Ayez pitié de ce pauvre pécheur,
Retirez-moi du fond de mes misères ;
Je veux changer, convertissez mon cœur.

C'est trop tarder, beauté toujours nouvelle,
De vous connaître au milieu de nos jours ;
Oh ! qu'il est tard, bonté continuelle,
De vous aimer, vous qui m'aimez toujours !

Dieu de mon cœur, confirmez votre ouvrage,
Conduisez-le dans sa perfection.
Je veux répondre avec un grand courage,
Donnez-y donc la bénédiction.

CANTIQUES

I

LES AMOUREUSES RECHERCHES QUE DIEU FAIT DES PÉCHEURS

Air : *Le printemps rappelle aux armes.*

Depuis longtemps Dieu t'appelle,
  Ame infidèle ;
Depuis longtemps Dieu t'appelle
  Au fond du cœur.
Seras-tu toujours rebelle
A cet aimable vainqueur ?   (*Bis*)

Sans délai mets bas les armes,
  Verse des larmes,
Sans délai mets bas les armes,
  Plus de combats ;
Ne résiste plus aux charmes
D'un Dieu si rempli d'appas.   (*Bis*)

Il te cherche avec tendresse ;
  Il te caresse ;
Il te cherche avec tendresse,
  Pauvre pécheur ;
Ce grand roi frappe sans cesse
A la porte de ton cœur.   (*Bis*)

Quel bonheur pour toi d'entendre
  Sa voix si tendre !
Quel bonheur pour toi d'entendre
  Ce bon pasteur !
Obéis sans plus attendre,
Et n'endurcis pas ton cœur.   (*Bis*)

C'est trop longtemps se défendre,
  Il faut se rendre ;
C'est trop longtemps se défendre
  Du Tout-Puissant ;

Je me rends sans plus attendre
A son attrait ravissant. (*Bis*)

II

LE PÉCHEUR TREMBLANT ET HUMILIÉ
REÇOIT SON PARDON

Air *de la romance du major André.*

Dieu, ta redoutable justice
M'annonce un éternel supplice !
   Pressé par ton amour,
   Et baigné dans les pleurs
Qu'il te faisait pour moi répandre,
Le plus ingrat de tous les cœurs
Fut sourd à ta voix si tendre ;
Ainsi, des tourments pleins d'horreurs,
C'est à quoi je dois m'attendre :

De l'enfer les feux, les tortures,
Justifieraient-ils mes murmures ?
   Non, j'ai tout mérité,
   J'ai bravé ton courroux,
Je me suis ri de tes vengeances.
De mon âme, l'ami, l'époux,
Le père, armé d'indulgence,
Tu m'offres les biens les plus doux :
J'y réponds par mille offenses.

Dans mes coupables années,
Tes grâces me sont répétées ;
   Oui, chacun de mes jours,
   Marqué de tes bienfaits,
N'offre aucun trait sévère et rude ;
Plutôt de combler mes souhaits,
Mon Dieu, tu fis ton étude

Pour me rendre heureux à jamais,
Et je n'eus qu'ingratitude.

Avant le terme de ma vie,
Je te perds, Sion, ma patrie !
   D'un pécheur pénitent
   Dieu voit le repentir,
Les sanglots, les cris et les larmes.
Oui, jusqu'à mon dernier soupir,
Je dirai : Mets bas les armes.
Rejetterais-tu mon désir,
Bonté si pleine de charmes ?

Esprit-Saint, Esprit adorable,
Esprit pur, Esprit ineffable,
   Daigne descendre en moi,
   Viens essuyer mes pleurs ;
Dans mon juge offre-moi mon père.
Il a pardonné mes erreurs
A ma peine vive, amère ;
Il termine tous mes malheurs
Par un regret salutaire.

Accours auprès de ce bon maître,
Pécheur, qui veut te reconnaître,
   Présente-lui son sang,
   Viens armé de sa croix
Aux pieds de son trône adorable ;
Et de ses rigoureuses lois
Ne crains rien de redoutable,
Prête l'oreille, entends la voix,
La voix d'un amour aimable.

Cher fils, je reçois ton hommage,
De tes regrets le tendre gage ;
   Je te rends mon amour
   Et couronne tes vœux :
A tous je vais être propice.

Que ta joie éclate en tes yeux ;
Sauvé d'un affreux supplice,
A jamais tu vas être heureux,
Tu satisfais ma justice.

III

LE RENOUVELLEMENT DES PROMESSES DU BAPTÊME

Air : *Il est temps, Philis, que l'on s'engage.*

J'engageai ma promesse au baptême,
Mais pour moi d'autres firent serment ;
Dans ce jour je veux parler moi-même,
Je m'engage aujourd'hui librement.   (*Bis*)

Je crois donc en un Dieu trois personnes,
De mon sang je signerai ma foi ;
Faible esprit, vainement tu raisonnes,
Je m'engage à le croire, et je crois.   (*Bis*)

A la foi de ce premier mystère
Je joindrai la foi d'un Dieu sauveur.
Sous les lois de l'Église ma mère
Je m'engage, et d'esprit et de cœur.   (*Bis*)

Sur ces fonds, dans cette eau salutaire,
Pour enfant Dieu daigna m'adopter ;
Si j'en ai souillé le caractère,
Je m'engage à le mieux respecter.   (*Bis*)

Je renonce aux pompes de ce monde,
A la chair, à tous ses vains attraits ;
Loin de moi, Satan, esprit immonde !
Je m'engage à te fuir pour jamais.   (*Bis*)

Faux plaisirs, source infâme des vices,
Trop longtemps vous fûtes mon amour ;
Je renonce à vos fausses délices,
Je m'engage à Dieu seul sans retour.   (*Bis*)

Ah ! Seigneur, qui sait bien vous connaître !
Sent bientôt que votre joug est doux ;
C'en est fait, je n'ai plus d'autre maître,
Je m'engage à ne servir que vous.   (*Bis*)

Sur vos pas, ô mon divin modèle,
Plus heureux qu'à la suite des rois,
Plein d'horreur pour le monde infidèle,
Je m'engage à porter votre croix.   (*Bis*)

Si le ciel d'un moment de souffrance
Doit, Seigneur, être le prix un jour,
Animé par cette récompense,
Je m'engage à tout pour votre amour.   (*Bis*)

C'est, mon Dieu, dans vous seul que j'aspire
A former mes plaisirs et mes goûts ;
Pour le ciel c'est peu que je soupire,
Je m'engage à soupirer pour vous.   (*Bis*)

Puisqu'enfin dans le ciel ma patrie,
De mes biens vous serez le plus doux ;
Dès ce jour et pour toute ma vie
Je m'engage, et je suis tout à vous.   (*Bis*)

IV

IL BÉNIT DIEU DE LUI AVOIR FAIT LA GRACE D'AVOIR RENOUVELÉ SON BAPTÉME

Air : *Trouvons-nous.*

Bénissons à jamais
Le Seigneur dans ses bienfaits.
Bénissez-le, saints anges ;
Louez sa majesté ;
Rendez à sa bonté
Mille et mille louanges.
Bénissons, etc.

O que c'est un bon père !
Qu'il a grand soin de nous ;
Il nous supporte tous,
Malgré notre misère.
Bénissons, etc.

Comme un pasteur fidèle,
Sans craindre le travail,
Il ramène au bercail
Une brebis rebelle.
Bénissons, etc.

Il a brisé ma chaîne,
Comme un puissant vainqueur ;
Et comme un doux Sauveur,
Il m'a mis hors de peine.
Bénissons, etc.

Il a guéri mon âme,
Comme un bon médecin ;
Comme un maître bénin,
Il m'éclaire, il m'enflamme.
Bénissons, etc.

Il me comble à toute heure
De grâce et de faveur ;
Dans le fond de mon cœur
Il a pris sa demeure.
Bénissons, etc.

Que tout loue en ma place
Un Dieu si plein d'amour,
Qui me fait chaque jour
Quelque nouvelle grâce.
Bénissons, etc.

Sa bonté me supporte,
Sa lumière m'instruit ;

Sa beauté me ravit,
Son amour me transporte.
Bénissons, etc.

Sa douceur me caresse,
Sa grâce me guérit,
Sa force m'affermit,
Sa charité me presse.
Bénissons, etc.

Dieu seul est ma tendresse ;
Dieu seul est mon soutien ;
Dieu seul est tout mon bien,
Ma vie et ma richesse.
Bénissons, etc.

V

LES SENTIMENTS D'UNE AME QUI A RENOUVELÉ SON BAPTÊME

AIR : *Préparons-nous à la fête nouvelle.*

Ah ! qu'il est doux de sortir de ses vices ;
   Grand Dieu, quelles sont mes délices !
Oh ! que je suis content de me trouver changé ;
D'un poids affreux je me sens soulagé.

Après avoir ressenti des peines,
   Enfin j'ai su rompre mes chaînes ;
Ah ! quel plaisir, Seigneur, d'être bien avec vous ;
Non, jamais rien ne me parut si doux.

Mon triste cœur avec lui-même en guerre,
   Allait se mourant sur la terre :
Là, pour un seul plaisir on ressent mille maux,
Les maux sont vrais et les plaisirs sont faux.

J'aurais voulu changer de caractère,
   Mon cœur connaissait sa misère,

Voulant, ne voulant plus, combattant ses souhaits;
Mais, c'en est fait, Dieu m'a rendu la paix.

Ni nuit ni jour je n'étais sans souffrance;
    Un ver rongeait ma conscience;
Au milieu des plaisirs je sentais des douleurs;
Mais je n'éprouve aujourd'hui que douceurs.

Voyant le bien, sans vouloir en rien faire;
    Voulant à deux maîtres complaire,
J'étais dans un chemin qui me paraissait droit,
Je me trompais, je vois qu'il m'égarait.

Oui, je renonce aux maximes du monde;
    Qu'il parle, qu'il crie, qu'il gronde;
Je sais ce qu'il m'en coûte; et pour me rengager,
Il crie en vain, je veux fuir le danger.

Fuyez, plaisir : qu'avez-vous d'agréable?
    Fuyez, mon Dieu seul est aimable;
Les pleurs et les soupirs me paraissent plus doux.
Venez, mon Dieu; plaisirs, retirez-vous.

Combien, mon Dieu, je vous ai fait attendre!
    Je suis résolue de me rendre;
Je ne recule plus, je sens mon cœur touché.
Je suis à vous, je quitte le péché.

Que vous m'avez, Dieu puissant, fait de grâce!
    Pour vous, que faut-il que je fasse?
Après m'avoir aimé, donnez-moi votre amour,
Pour vous payer un juste retour.

Dieu de mon cœur, soutenez ma faiblesse;
    Je veux accomplir ma promesse;
Mais sans votre secours, Seigneur, je ne puis rien;
Je puis tout, si vous êtes mon soutien.

VI

LES AVANTAGES DE LA CONFESSION

Air : *Pourquoi n'aimer pas un Jésus.*

Accourez, pécheurs, dans ce temps favorable,
Un Dieu vous appelle, il vous pardonnera ;
De tant de péchés le fardeau vous accable.
La confession vous en déchargera.

Mais pour obtenir ce pardon salutaire,
Dieu de vous l'exige, il vous faut préparer ;
Demandez d'abord à l'Esprit la lumière,
Que sur vos péchés il vous daigne éclairer.

Qu'ensuite avec soin votre esprit se rappelle
Tant d'excès divers, tant de déréglements,
Voyant une vie, hélas ! si criminelle,
Quel juste sujet à vos gémissements !

Vous avez péché contre un Dieu tant aimable ;
Vous avez au crime attaché votre cœur ;
Que ce cœur ressente un regret véritable,
Ah ! qu'il soit brisé d'une vive douleur.

Mais formez surtout (c'est le plus nécessaire)
De ne plus pécher la résolution ;
Si dans votre cœur elle n'est point sincère,
Ne comptez pour rien votre confession.

Vous reconnaissant un pécheur misérable,
Approchez du prêtre avec humilité ;
De tous les péchés dont vous êtes coupable,
Déclarez le nombre et la grièveté.

En vain viendrez-vous déclarer votre crime,
Si vous ne voulez satisfaire au Seigneur ;
Que de vous punir le zèle vous anime,
Exercez sur vous une sainte rigueur.

Quel repos pour vous, quelle paix sans égale,
Si vous faites bien votre confession ;

Il en faut, pécheurs, faire une générale,
Rien ne cause plus de consolation.

Mais n'oubliez pas l'importante maxime
Que nous garderons dans notre mission :
Qui sincèrement ne veut quitter le crime,
Sera renvoyé sans absolution.

Si le changement dans vous est véritable,
Ah ! ne craignez rien, venez, pauvres pécheurs ;
Vous nous causerez un plaisir ineffable,
Nous serons pour vous tous remplis de douceurs.

VII

IL S'ÉLÈVE A PRÉSENT EN ESPRIT DANS LE CIEL POUR Y CONTEMPLER LA BEAUTÉ DE DIEU, QUI FAIT LE BONHEUR DES SAINTS

LE PARADIS.

Air : *Petits moutons, quittez, etc.*

Sainte cité, demeure charmante,
Sacré palais où le rois des rois
Combla de gloire une âme innocente,
Qu'à vous louer je consacre ma voix.

Pour les élus il n'est plus d'orage,
Ils sont au port, et c'est pour jamais ;
Un calme entier fait leur doux partage,
Dieu dans leur cœur verse un torrent de paix.

Quel est l'éclat qui les environne ?
Ah ! je les vois brillants de clarté ;
Rien ne peut plus flétrir leur couronne ;
Leur vêtement, c'est l'immortalité.

Beauté de Dieu, beauté ravissante,
De vous j'attends ma félicité ;
Rien ici-bas rien ne me contente :
Quand vous verrai-je, immortelle beauté ?

En contemplant cet Être suprême,
L'on sent pour lui l'amour le plus fort ;
Une âme alors s'oublie elle-même ;
Son Dieu lui cause un éternel transport.

O saint transport ! ô joie ineffable !
Qui fait des saints le parfait bonheur ;
Mais d'en parler l'homme est incapable,
Qu'il le désire au moins avec ardeur.

Les saints au ciel avec tous les anges,
Sans cesse unis par un tendre amour,
Du Tout-Puissant chantent les louanges ;
Tout bénit Dieu dans cet heureux séjour.

Toujours un Dieu fera leur richesse,
Un si beau sort pour eux est certain ;
Dieu pour ses saints n'aura que tendresse,
Les saints au ciel aimeront Dieu sans fin.

Cherchons en Dieu notre récompense ;
Qu'il soit la fin de tous nos travaux.
Ce n'est ici qu'un peu de souffrance,
Et c'est au ciel un éternel repos.

VIII

DÉSIR DE VOIR DIEU DANS LE CIEL

Air : *J'entends la tourterelle.*

Loin de Jésus que j'aime,
Mon cœur est languissant,
Et c'est mon amour même
Qui fait tout mon tourment.
Allez, ô mon bon Ange !
Dire à mon bien-aimé,
Que ma peine est étrange
Depuis qu'il m'a charmé.

J'ai de l'impatience;
Je cherche à tout moment
La vue et la présence
D'un époux si charmant.
Allez, etc.

Mon âme le désire
Avec bien plus d'ardeur
Que le cerf ne respire
Les eaux dans la chaleur.
Allez, etc.

Dites-lui mon martyre,
Que la nuit et le jour
Pour lui seul je soupire,
Prêt à mourir d'amour.
Allez, etc.

Pour ce Dieu si fidèle,
Éloigné de mes yeux,
Comme la tourterelle
Je gémis en tous lieux.
Allez, etc.

C'est lui que je désire
Pour mon unique époux;
Pour lui seul je soupire,
Le préférant à tous.
Allez, etc.

Que son amour m'enflamme
Des plus vives ardeurs;
Qu'il élève mon âme
Au souverain bonheur.
Allez, etc.

Jusqu'à quand gémirai-je
Après cet heureux jour?
Quand le posséderai-je
Ce Dieu si plein d'amour?
Allez, etc.

IX

LA VIE EST ENNUYEUSE; IL VOUDRAIT DÉJA ÊTRE RÉUNI A SON DIEU

Air : *Ne m'entendez-vous pas?*

Avancez mon trépas,
Jésus ma douce vie;
Que mon âme s'ennuie
De rester ici-bas,
Ne vous y voyant pas.

J'y gémis en tout temps
Comme la tourterelle;
Et plaintive comme elle
Je n'ai point d'autres chants
Que les gémissements.

Étant loin de vos yeux,
Après vous je soupire;
Finissez mon martyre,
Otez-moi de ces lieux,
Placez-moi dans les cieux.

Mon Seigneur et mon Dieu,
Quand vous posséderai-je?
Hélas! quand vous verrai-je?
Mais sans aucun milieu,
Dans le céleste lieu.

O qu'il me serait doux
D'être armé de deux ailes,
Comme les hirondelles,
Pour m'envoler à vous,
O mon divin époux!

Jésus, fils du Très-Haut,
Mon âme vous désire,
Bien plus fort que n'aspire

Le cerf après les eaux,
Dans la force du chaud.

Immortelle beauté,
Montrez-moi votre face ;
Faites-moi voir, de grâce,
Sa brillante clarté,
Comme en l'éternité.

S'il faut, pour ce bonheur,
Que je perde la vie ;
Qu'elle me soit ravie,
J'y consens d'un grand cœur,
O mon divin Sauveur.

X

LA MORT

Air : *Bénissez le Seigneur suprême.*

La mort toujours peut nous surprendre ;
On peut mourir même en naissant ;
On n'est point sûr d'un seul instant ;
   Tout sert à nous l'apprendre.

L'instant où j'ouvre la paupière
Peut me compter parmi les morts ;
La première heure où je m'endors
   Peut être ma dernière.

O mort ! moment inévitable,
D'où mon sort éternel dépend ;
Qu'il est terrible, ce moment
   Pour qui se sent coupable !

Mais la mort n'est point effrayante
Pour qui toujours fut innocent ;
Le pécheur même pénitent
   La trouve consolante.

O que l'homme est peu raisonnable !
Que le pécheur est imprudent !
Pouvoir mourir à tout instant,
    Toujours vivre coupable !

Mourrai-je saint ? mourrai-je impie ?
Dieu m'a caché mon dernier sort ;
Ce qu'il m'a dit, c'est que ma mort
    Serait comme ma vie.

O mon Dieu ! faites à toute heure
Que je songe à mon dernier jour ;
Et que vivant dans votre amour,
    Dans votre amour je meure !

<h2 style="text-align:center">XI</h2>

<h3 style="text-align:center">LE CHRÉTIEN MOURANT</h3>

AIR : *Te bien aimer, ô ma chère Zélie !*

Venez, venez, vains amis de la terre,
Vous attendrir près du chrétien mourant :
Ses vœux, son cœur, ses larmes, sa prière,
Tout est pour vous un spectacle éloquent.

O terme heureux de ma pénible vie !
Je n'ai donc plus à désirer la mort,
A gémir loin de ma chère patrie !
Dans un moment je vais toucher au port !

Tu vas céder à ma plus vive instance.
Mon bien-aimé, tu vas combler mes vœux ;
Divin Jésus, tu le sais, ton absence
M'avait rendu si longtemps malheureux !

Depuis l'instant de la naissante aurore
Jusques au soir, tu m'as vu dans les pleurs ;
Toute la nuit je gémissais encore,
Un nouveau jour éclairait mes douleurs.

Je m'adressais à toute la nature.
Montre-moi donc ton auteur bienfaisant,
Je vais mourir de l'ardeur vive et pure
Qui, de le voir, me brûle à chaque instant.

Viens au plutôt, mon unique espérance,
Viens, mon Jésus; viens, mon divin époux :
Du coup mortel couronne ma constance;
Pour moi, la mort est le sort le plus doux.

Si trop longtemps j'ai bravé ta justice,
Que de regrets ont désolé mon cœur !
J'ai tant pleuré; ce fut là mon supplice.
De mon amour tu t'es fait un vengeur.

Accours, ô mort! ma véritable amie,
Tranche à l'instant la trame de mes jours,
En expirant, ma langueur est finie :
Je vais aimer, et j'aimerai toujours.

Amis, portez à ma bouche mourante,
La croix, d'amour ce signe attendrissant.
Aimable croix, image ravissante,
Que n'es-tu pas au pécheur expirant !

XII

LA MORT DU CHRÉTIEN

Air : *Je l'ai planté, je l'ai vu naître.*

Qu'il rentre, ce corps trop coupable,
De la poussière dont il sort;
Ce honteux fardeau m'accable,
Digne victime de la mort.

O mort! que nous nommons cruelle,
Peut-on t'acheter chèrement,
Quand tu frappes ces corps rebelles,
Pour terminer notre tourment?

Aux amis des biens périssables,
Imprime une juste terreur,
A ces esclaves méprisables,
Pour qui seuls tu n'offres qu'horreur.

Ah! que faussement courageuse,
Quand le néant est son espoir,
L'âme doit te trouver affreuse!
Quel secours de n'en plus avoir!

La foi donne le vrai courage;
Le terme n'est point un malheur
Pour qui la vie est un voyage;
Il l'abandonne sans douleur.

Il est homme, mais sa foi vive,
Qui du ciel lui montre les droits,
Laisse la nature plaintive
Parler pour la dernière fois.

O ciel! abrége ma carrière,
Puisqu'il faut souffrir et mourir,
Que bientôt mon heure dernière
M'épargne le temps de souffrir.

S'il faut encor que je demeure,
Que je prolonge mes travaux,
Si tu veux retarder mon heure,
J'accepte mes jours et mes maux.

Toi qui, mourant pour le coupable,
Ouvris les bras à l'univers,
Du haut de la croix adorable,
Ah! que ces bras me soient ouverts!

HISTOIRE

DE SAINT EUSTACHE, MARTYR

AIR : *Où êtes-vous, Birenne mon amour?*

JÉSUS.

Que t'ai-je fait, Placide, réponds-moi,
Que t'ai-je fait que tu me persécutes?
Je suis Jésus mort sur la croix pour toi,
Je te poursuis, bien que tu me rebutes.

PLACIDE.

Pardon, Seigneur, de tout ce que j'ai fait;
Apprenez-moi ce qu'il faut que je fasse;
Pour m'en punir et me rendre parfait,
Je ne vois rien que pour vous je n'embrasse.

JÉSUS.

Va sans délai, va prendre tous les tiens;
Va recevoir avec eux le baptême,
Dès le moment que vous serez chrétiens,
Vous souffrirez pour l'amour de moi-même.

EUSTACHE.

Je suis chrétien et tout prêt à souffrir;
Que vous m'ôtiez enfants, biens et femme,
Les plus grands fléaux qui se pourraient offrir,
Pour votre amour seront doux à mon âme.

JÉSUS.

Tu perdras tout, enfants, femme et biens;
On te dira le Job, l'évangélique.
Si tu tiens bon comme font tous les miens,
Tu feras voir un amour héroïque.

EUSTACHE A SA FEMME.

Suivons Jésus, ô ma chère moitié,
Bénissons-le de ce qu'il nous décharge.
Tous nos amis ont manqué d'amitié
Dès qu'ils m'ont vu sans argent et sans charge.

THÉOPISTE.

Je le bénis avec vous de nos croix,
Éloignons-nous des terres de l'empire,
Allons gémir tous quatre dans un bois,
En attendant de souffrir le martyre.

EUSTACHE.

Cher nautonier, par pure charité,
Voudriez-vous bien nous passer en Égypte?
Soyez touché de notre pauvreté,
Vous en aurez devant Dieu le mérite.

LE NAUTONIER.

Embarquez-vous, et traversons ces mers,
Parmi ces eaux je me sens tout en flamme,
Au premier port, malgré tes pleurs amers,
Te débarquant, je veux ravir ta femme.

EUSTACHE.

Quel déplaisir, hélas! quel crève-cœur!
Ce nautonier me ravit ma colombe;
Mon Dieu, mon tout, qui voyez ma douleur,
Secourez-moi, car sans vous je succombe.

THÉOPISTE.

Non, chaste époux, ne vous alarmez pas,
Allez en paix, allez mon cher Eustache,
Soyez certain que jusqu'à mon trépas,
Je garderai ma pureté sans tache.

EUSTACHE.

Mes chers enfants, pleurons ici tous trois,
En délaissant dans ce fatal navire
Le chaste sein qui vous porta neuf mois.
Ah! qui pourrait exprimer mon martyre?

CHAQUE ENFANT.

Venez à moi, cher père, venez tôt,
Sortez, hélas! sortez de la rivière,
Pour m'affranchir, par l'aide du Très-Haut,
De cette dent cruelle et carnassière.

EUSTACHE.

Deux animaux emportent mes deux fils,
Et je ne puis aider ni l'un ni l'autre,
Et n'ai plus rien qu'un crucifix,
Pour m'y coller comme le grand Apôtre.

UN PAYSAN.

Mon bon ami, viens garder mes troupeaux,
Je te promets le pain sec du ménage,
Le ciel pour toit, pour maison les copeaux,
Le toit pour lit, l'eau pour breuvage.

EUSTACHE.

Grâces à Dieu, je garde des moutons,
Moi qu'on a vu commander une armée,
Pour vêtements j'ai de pauvres haillons,
Tant il est vrai que tout n'est que fumée.

L'EMPEREUR TRAJAN.

Allez chercher Placide le guerrier,
Cherchez-le bien, et par mer et par terre ;
Mon chef par lui sera ceint de laurier,
Car il vaincra ceux qui me font la guerre.

LES DÉPUTÉS.

Pauvre berger, quittez là vos brebis,
Notre empereur veut essuyer vos larmes,
Dépouillez-vous, prenez ces beaux habits,
Et de ce pas venez charger les armes.

EUSTACHE.

Dieu de mon cœur, j'adore vos desseins,
Lorsque je vais combattre pour l'empire ;
Faites, grand Dieu, qu'en imitant vos saints,
Je puisse un jour mourir par le martyre.

LE CADET DES DEUX FRÈRES.

Cher compagnon, quel pays est le tien?
Contons ici tous deux nos aventures,
Délassons-nous par ce doux entretien,
Et bénissons l'auteur des créatures.

L'AÎNÉ.

Je ne sais point quel est mon lieu natal ;
Mais je sais bien qu'un lion effroyable,
Me prit aux dents, quand, par un coup fatal,
Un loup ravit mon frère tout aimable.

J'étais tout seul sur le bord d'un ruisseau
Quand je perdis Eustache mon doux père ;
Je vis, hélas ! qu'un patron de vaisseau
Osa ravir Théopiste ma mère.

Depuis ce temps j'ai toujours désiré
Qu'on m'en donnât quelque bonne nouvelle ;
Mais c'est en vain que j'ai tant soupiré,
Ah ! d'y penser ma croix se renouvelle.

LE CADET.

O quelle joie ! ô quel moment heureux !
Vous êtes donc Agapit mon bon frère ?
Mais que nos cœurs seraient bien plus joyeux,
Si nous n'étions sans père et sans mère !

THÉOPISTE.

Consolez-vous, mes enfants bien-aimés,
Quelle faveur ! quelle rencontre heureuse !
Voici le sein qui vous tint renfermés,
Ah ! mes chers fils, que mon âme est joyeuse !

Rendons tous trois, rendons grâces à Dieu,
Et soupirons, en priant sans relâche,
Qu'avant mourir nous sachions en quel lieu
S'est relégué votre cher père Eustache.

Allons-nous-en trouver le général,
J'ose espérer que ma douleur amère
Obtiendra tout de son cœur libéral,
Lorsqu'il saura que je suis votre mère.

Grand général, j'ai perdu mon époux ;
Ah ! monseigneur, ah ! que ma perte est grande :
Ces deux soldats qui combattent sous vous,
Sont mes deux fils qu'humblement je demande.

EUSTACHE.

Mon cœur ressent votre extrême douleur,
Relevez-vous, ô femme infortunée!
Apprenez-moi d'où vous vient ce malheur,
Que votre époux vous ait abandonnée.

THÉOPISTE.

Un nautonier me retint dans son bord,
Lorsqu'il mit mon cher Eustache à terre,
Mais le Très-Haut vengea soudain ce tort
En l'écrasant par un coup de tonnerre.

EUSTACHE.

Chère moitié, Dieu du ciel, quel bonheur!
Chère moitié, ma chaste Théopiste,
Ne pleurez plus; bénissons le Seigneur;
Voici celui pour qui vous êtes triste.

Mes chers enfants, pour qui j'ai tant pleuré,
Embrassez-moi, mon cœur tressaillit d'aise;
Tenons-nous prêts, car il est assuré
Que nous mourrons tous quatre sur la braise.

L'EMPEREUR ADRIEN.

Viens rendre honneur à nos dieux immortels,
De qui tu tiens tes enfants et ta femme,
Brûle l'encens au pieds de leurs autels,
Si tu ne veux brûler dans ces flammes.

EUSTACHE.

C'est à Jésus que je dois cet honneur,
C'est à lui seul que je rends ces hommages;
Tous tes faux dieux, objets de mon horreur,
N'auront de moi que mépris et qu'outrages.

ADRIEN.

Enfermez-le dans ce taureau d'airain,
Sa femme aussi, ses deux enfants encore;
C'est par le feu que j'en veux voir la fin,
Pour apaiser nos grands dieux que j'adore;

TOUS QUATRE.

Doux Jésus-Christ, qui possédez nos cœurs,
Embrasez-les de vos divines flammes ;
Nous vous prions de nous rendre vainqueurs,
Et dans le ciel vouloir placer nos âmes.

HISTOIRE

DE L'ENFANT PRODIGUE

AIR : *Un jour le berger Tyrcis, etc.*

LE PRODIGUE DÉBAUCHÉ.

Je suis enfin résolu
D'être en mes mœurs absolu.
Donnez-moi vite, mon père,
Ce qui revient à ma part ;
Vous aurez mon autre frère ;
Consentez à mon départ.

LE PÈRE.

Pourquoi veux-tu, mon enfant,
Faire ce que Dieu défend ?
Veux-tu désoler mon âme,
Nos parents et nos amis ?
Je serais digne de blâme,
Si je te l'avais permis.

LE PRODIGUE.

Je veux, en dépit de tous,
M'éloigner d'auprès de vous ;
En vain vous faites la guerre
A ma propre volonté,
Je ne crains ni ciel ni terre :
Je veux vivre en liberté.

LE PÈRE.

Mais, hélas ! quelle raison
Te fait quitter la maison ?

Ne te suis-je pas bon père?
De quoi te plains-tu de moi?
Et qu'est-ce que je puis faire
Que je ne fasse pour toi?

LE PRODIGUE.

Vous me traitez en barbet,
Et je veux vivre en cadet ;
Vous condamnez à toute heure
Le moindre déréglement.
Je vais changer de demeure,
Sans retarder un moment.

LE PÈRE.

Adieu donc, cœur obstiné,
Adieu, pauvre infortuné,
Ton égarement me tue,
J'en suis accablé d'ennuis ;
Je vois ton âme perdue,
Et ne sais plus où j'en suis.

LE PRODIGUE.

Venez à moi, libertins,
Prenez part à mes festins ;
Venez à moi, chers lubriques,
Consumons nos courts moments
Dans les infâmes pratiques
Des plus noirs débordements.

Pensons à boire, à manger,
Dans ce pays étranger ;
Je n'ai plus de peur d'un père
Qui me suivait pas à pas,
Songeons à nous satisfaire
Dans l'ordure et les ébats.

Contentons tous nos désirs,
En nageant dans nos plaisirs,
Et vivons de cette sorte,
Tant que l'argent durera,

Nous irons de porte en porte
Sitôt qu'il nous manquera.

RÉFLEXION.

Pécheur, remarque en ce lieu
Le tort que tu fais à Dieu ;
Tu t'enfuis de sa présence,
Afin de boire à longs traits
Le venin de ton offense,
En dépit de ses attraits.

Sa clémence, jour et nuit,
Te recherche et te poursuit,
Son cœur ne veut pas ta perte,
C'est toi-même qui la veux,
Car sa grâce t'est offerte ;
Mais tu dédaignes ses vœux.

Tu crois ton juge bien loin,
Et tu l'as pour ton témoin ;
Sa justice met en nombre
Toutes tes méchancetés ;
Malgré la nuit la plus sombre,
Il voit tes impuretés.

LE PRODIGUE PÉNITENT.

O le triste changement !
Après un train si charmant,
Je ne vois plus à ma suite
Ceux qui me faisaient la cour,
Tout le monde a pris la fuite,
Pas un n'use de retour.

Je me trouve sans appui,
Dans la honte et dans l'ennui ;
Ma conduite tout impure
M'a mis au rang des pourceaux ;
Il est juste que j'endure
Autour de ces animaux.

Je rougis de mes forfaits
Et des crimes que j'ai faits ;
Je fonds en pleurs, je soupire ;
Je sens de cuisants remords ;
Je souffre un cruel martyre,
De cœur, d'esprit et de corps.

Je meurs même ici de faim,
Faute d'un morceau de pain,
Tandis que chez mon père,
Où jamais rien ne défaut,
Le plus chétif mercenaire
En a plus qu'il ne lui faut.

Je voudrais bien me nourrir
Des fruits qu'on laisse pourrir ;
Je voudrais bien sous ce chêne
Les écorces des pourceaux ;
Moi j'ai mérité la peine
Qu'attirent les bons morceaux.

Je veux pourtant me lever,
Pour penser à me sauver ;
Il est temps que je détourne
Mon cœur de l'iniquité,
Et qu'enfin je m'en retourne
Vers celui que j'ai quitté.

RÉFLEXION.

Voici, pécheur, les effets
De tes horribles forfaits.
Tu n'as plus rien dans le monde,
Le péché t'a tout ôté ;
Et ton âme n'est féconde
Qu'en misère et pauvreté.
T'étant séparé de Dieu,
Sa grâce t'a dit adieu,
Toutes tes œuvres sont mortes,
Le démon te tient aux fers ;

Tu n'es qu'à deux doigts des portes
De la prison des enfers.

Lève-toi donc promptement,
Pense à vivre saintement,
Retourne au Père céleste,
Qui t'attend à bras ouverts;
Sors de ton état funeste,
Et fuis les hommes pervers.

LE PRODIGUE DE RETOUR CHEZ SON PÈRE.

Voici, cher père, à genoux
Un fils indigne de vous;
Si vous daignez me permettre
D'entrer dans votre palais,
Ce me sera trop que d'être
Comme l'un de vos valets.

J'ai péché contre les cieux,
Je n'ose y lever les yeux;
J'ai péché contre vous-même,
Je crains de vous regarder,
Ma douleur en est extrême,
Je suis prêt de m'amender.

Je me soumets de bon cœur
A votre juste rigueur;
Je ne veux plus vous déplaire;
Oubliez ce que je fis,
Vous êtes encor le père
De ce misérable fils.

LE PÈRE.

Cher enfant, embrasse-moi,
Je brûle d'amour pour toi;
Mes entrailles sont émues
Et de joie et de pitié,
Par ton retour tu remues
Tout ce que j'ai d'amitié.

Laquais, cherchez des souliers,
Et les mettez à ses pieds;
Prenez à ma garde-robe
Une bague pour son doigt,
Avec sa première robe,
Puisqu'il revient comme il doit.

Qu'on prépare le veau gras,
J'ai mon fils entre mes bras;
Il avait perdu la vie,
Mais il est ressuscité;
Chers amis, je vous convie
A cette solennité.

RÉFLEXION.

C'est ainsi que le Seigneur
Reçoit le pauvre pécheur:
Il l'embrasse, il le console,
Il l'aime plus que jamais,
Et d'une simple parole
Il remplit tous ses souhaits.

Fais donc, pécheur, par amour,
Vers Dieu ce parfait retour,
Tu recouvreras la grâce,
Et les dons du Saint-Esprit,
L'ennemi rendra la place
De ton cœur à Jésus-Christ.

Tes mérites suspendus
Te seront enfin rendus:
Ta paix en sera parfaite,
La terre t'en bénira,
Tout le ciel en fera fête,
Et l'enfer en rugira.

CANTIQUES

I

A L'HONNEUR DE SAINTE MARGUERITE, VIERGE ET MARTYRE

Air : *Je suis un prince bien heureux, etc.*

OLIBRIUS.

Rare beauté, perle sans prix,
Incomparable Marguerite,
Ne traite pas avec mépris
Cet esclave de ton mérite ;
Prends pour époux ton gouverneur,
De qui dépend ton vrai bonheur.

SAINTE MARGUERITE.

Mon vrai bonheur dépend de Dieu,
A qui je me suis dévouée ;
Dites-moi promptement adieu,
Je ne veux point être louée ;
J'ai plus à cœur de vivre aux champs
Que dans la cour parmi les grands.

OLIBRIUS.

Je te conjure d'accepter
Le parti que je te présente,
Et je te ferai respecter,
En qualité de gouvernante ;
Tu jouiras de mes trésors
Et de tous les plaisirs du corps.

MARGUERITE.

Donnez à quelqu'autre qu'à moi
L'or et l'argent de vos coffres.
Je ne saurais trahir ma foi,
En acceptant vos belles offres ;
Tous vos discours sont superflus,
Allez, Seigneur, n'y pensez plus.

OLIBRIUS.

Je suis épris de ta beauté,
Beau chef-d'œuvre de la nature ;
Ne méprise pas ma bonté,
Ménage ta bonne fortune ;
Pourvu que ton cœur soit à moi,
Le mien ne vivra que pour toi.

MARGUERITE.

Mon cœur est tout à Jésus-Christ,
Je ne brûle que de sa flamme,
Lui seul occupe mon esprit,
Lui seul est l'objet de mon âme,
Pour lui seul je veux tout souffrir,
Et pour lui seul je veux mourir.

OLIBRIUS.

Mon cœur ne peut se rebuter,
Encore que le tien le rebute ;
Parle, rends-toi sans disputer,
Avant que je te persécute ;
Si tu ne m'aimes à ton tour,
Ma haine suivra mon amour.

MARGUERITE.

Je n'appréhende aucun tourment,
Mon époux m'aidant de ses grâces ;
Ne feint plus d'être mon amant ;
Je me moque de tes menaces ;
Déchire et brûle tout mon corps,
Et fais-moi souffrir mille morts.

OLIBRIUS.

Il n'est plus temps de déguiser,
Obéis aux lois de l'empire,
Autrement, sans temporiser,
Je vais t'exposer au martyre ;
Tu vas voir quelle est ma fureur,
Si tu n'es souple à l'empereur.

MARGUERITE.

C'est à la loi de mon époux
Que je rends mes obéissances,
Mon cœur ne craint point ton courroux,
Et mon cœur brave les souffrances;
Je foule aux pieds ce que tu dis,
Ton empereur et ses édits.

OLIBRIUS.

Qu'on fasse nager dans le sang
Les membres de cette inhumaine;
Qu'on lui déchire tout le flanc,
Que l'on la brûle et qu'on la gêne;
Frappez, bourreaux, de toutes mains,
N'ayez pour elle rien d'humain.

MARGUERITE.

Olibrius, tu perds ton temps;
Tu n'auras jamais l'avantage
Que je rende tes vœux contents,
Ni que je perde le courage;
Fais tout l'effort que tu pourras,
Malgré toi tu te lasseras.

OLIBRIUS.

Qu'on aille la mettre en prison,
Et que de ma part on la presse,
Pour la ranger à la raison,
Ou par menaces ou par promesses;
Si son orgueil ne se rend pas,
Je saurai bien le mettre à bas.

LA SAINTE CONTRE LE DÉMON EN FORME DE DRAGON.

Grand Dieu! dont le soin paternel
Guérit en moi toute blessure,
Faites que ce dragon cruel
Crève à mes pieds et qu'il y meure;
Que votre croix soit contre lui
Mon boulevard et mon appui.

UNE VOIX DU CIEL.

Marguerite, réjouis-toi
D'avoir remporté la victoire,
Souffre encore un peu pour la foi,
Regarde l'éternelle gloire ;
Tes tourments prendront bientôt fin,
En dépit de l'esprit malin.

OLIBRIUS.

Adore nos dieux immortels
Par qui tu viens d'être guérie,
Offre l'encens à nos autels,
De peur que je n'entre en furie ;
Si tu méprises leurs bienfaits,
Tu n'en échapperas jamais.

LA SAINTE.

Je sais fort bien sans tes avis
A qui je dois en rendre grâces ;
C'est à Jésus, pour qui je vis
Et de qui seul je suis les traces.
Pour tes faux dieux, muets et sourds,
Je les détesterai toujours.

OLIBRIUS.

Il est temps de venger nos dieux,
O langue exécrable et maudite !
Tous tes discours injurieux
Méritent qu'on te décapite ;
Mais avant qu'on te donne le coup,
Tu souffriras encore beaucoup.

UNE VOIX DU CIEL.

Tes travaux sont presque finis,
Vaillante et divine amazone,
Tous tes bourreaux seront punis,
Et tu recevras la couronne ;
Quitte la terre, monte au ciel,
Pour y changer l'absinthe en miel.

LA SAINTE.

J'ose, grand Dieu, vous demander,
Avant qu'on me tranche la tête,
Que votre cœur daigne accorder
A tous mes dévots leurs requêtes;
Montrez combien vous êtes bon
A qui réclamera mon nom.

JÉSUS.

Je condescends à tes souhaits,
Je veux que ton mérite éclate,
Je ne refuserai jamais
Ceux qui t'auront pour avocate;
Ton nom, en tout temps, en tout lieu,
Sera puissant auprès de Dieu.

PRIÈRE.

Combattez sur terre et sur mer,
Illustre sainte Marguerite,
Le démon, le monde et la chair,
Et gardez-nous de mort subite;
Surtout secourez promptement,
Les femmes dans l'enfantement.

II

LA CONVERSION DE SAINTE MARIE-MADELEINE

Air : *Ruisseau qui cours après toi-même, etc.*

MARTHE.

Éveillez-vous, ô Madeleine !
Venez assister au sermon,
Tirez-vous des mains du démon,
Quittez votre vie mondaine,
Venez ouïr Jésus, sa voix vous touchera,
Et sa beauté vous charmera.

JÉSUS.

Esprit mondain, femme volage,
Je prêche à ton cœur, cette fois,
Ne l'endurcis plus à ma voix,
Viens, je veux être ton partage,
Ne sors pas du sermon que je ne sois vainqueur
De ton esprit * et de ton cœur. (*Bis*)

MADELEINE.

Je suis à vous, source de grâce.
Mon cœur, que vous avez conquis,
Vous est entièrement acquis.
Je veux marcher sur votre trace ;
Je m'en vais, de ce pas, quitter mes ornements
Et renoncer * à mes amants. (*Bis*)

MARTHE.

Et que vois-je, ma bien-aimée?
D'où vient un changement si prompt?
Avez-vous reçu quelque affront
Qui vous ait si fort animée?
Et pourquoi foulez-vous vos perles, vos rubis,
Vos affiquets, * vos beaux habits? (*Bis*)

MADELEINE.

J'en ai raison, laissez-moi faire ;
Je voudrais mourir de douleur :
Jésus vient de percer mon cœur.
Ah ! je ne veux plus lui déplaire ;
Tout ce qui m'a servi d'instrument contre lui
Doit prendre fin * dès aujourd'hui. (*Bis*)

MARTHE.

Ma chère sœur, soyez constante,
Moquez-vous du qu'en dira-t-on,
Allez au banquet de Sion ;
En véritable pénitente,
Arrosez de vos pleurs les pieds de Jésus-Christ,
Avec un cœur * humble et contrit, (*Bis*)

Essuyez-les de votre tresse,
Unissez-vous étroitement
Au cœur de ce divin amant
Qui pour vous a tant de tendresse.
N'écoutez point les Juifs, laissez-les murmurer,
Et n'ayez soin ˙ que de pleurer. (*Bis*)

MADELEINE.

Que l'on me blâme et qu'on murmure
De me voir au pied de mon roi,
Pourvu qu'il ait pitié de moi,
Je souffrirai toute censure ;
Et pourquoi craindre? Hélas! mes horribles forfaits
Excuseront ˙ ce que je fais. (*Bis*)

Pleurez, mes yeux, fondez en larmes,
Mon cœur, embrase-toi d'amour .
Et consume-toi nuit et jour
Pour Jésus, l'objet de mes charmes.
Je ne puis vous parler, ô mon divin Sauveur,
Que par l'amour ˙ et la douceur. (*Bis*)

JÉSUS.

Les anges sont dans l'allégresse
De voir cette femme à mes pieds,
Qu'elle baise et retient liés
De tous les cheveux de sa tresse ;
Mais plusieurs sont jaloux du précieux onguent
Que sur mes pieds ˙ elle répand. (*Bis*)

LE PHARISIEN.

Ah! si cet homme était prophète,
Sans doute il ne permettrait point
Que la pécheresse qui l'oint
Mit sur ses pieds sa bouche infecte ;
Elle ne pleure ainsi que pour s'en faire aimer ;
Elle a dessein ˙ de le charmer. (*Bis*)

JÉSUS.

Simon, vois-tu bien cette femme?
Ce qu'elle fait est un miroir,
Où tu découvres ton devoir,
Si tu veux brûler de ma flamme;
Elle a baisé mes pieds dès qu'elle les a vus,
Les essuyant * de ses cheveux. (*Bis*)

Je lui pardonne tous ses crimes,
Parce qu'elle a beaucoup aimé,
Et que son cœur s'est abîmé
Beaucoup plus bas que tu n'estimes;
On prêchera partout ses larmes et sa foi,
Et tant d'amour * qu'elle a pour moi. (*Bis*)

Va, femme, ta foi t'a sauvée,
Calme ton cœur, retourne en paix ,
Tu n'as plus en toi de forfaits,
Ma grâce et tes pleurs t'ont lavée;
Va publier partout, malgré tes ennemis,
Que tes péchés * te sont remis. (*Bis*)

MADELEINE.

Souffrez, Seigneur, je vous supplie,
Que je me tienne auprès de vous
Pour rendre témoignage à tous
Que je viens de changer de vie;
Mes soins et mes plaisirs sont de vous écouter,
M'unir à vous * et vous goûter. (*Bis*)

MARTHE.

J'agis toujours, ma sœur contemple,
J'apprête seule le repas.
Doux Jésus, ne voulez-vous pas
Qu'elle travaille à mon exemple?
Dites-lui, mon Sauveur, qu'il n'est pas à propos
D'être toujours * dans le repos. (*Bis*)

JÉSUS.

Laisse ta sœur en ma présence,
Et sache que j'estime moins
Ton empressement et tes soins
Que son repos et son silence ;
Fais choix, comme elle a fait, de la meilleure part,
En t'occupant * de mon regard. (*Bis*)

MADELEINE.

Dieu de mon cœur, ma douce vie,
Vos souffrances me font souffrir
Et votre mort me fait mourir,
Car je suis toute asservie ;
Et ne permettez pas que je vive après vous ;
Mourons tous deux * aux yeux de tous. (*Bis*)

JÉSUS.

Console-toi, fidèle amante,
Tâche avec soin de ramasser
Le sang que je viens de verser ;
Demeure toujours pénitente ;
Tu m'aimes ardemment, et je t'aime à mon tour,
Souffre avec moi * par pur amour.   (*bis.*)

MADELEINE.

Jésus est mort, ah ! que je meure,
Ou que je fonde toute en pleurs
Aux pieds de l'homme de douleurs
Que toute la nature pleure.
Hélas ! je n'en puis plus, on va mettre au tombeau
Ma vie unique * et mon flambeau. (*Bis*)

DEUX ANGES.

Qu'as-tu perdu, femme éplorée ?
Nous voici pour t'encourager,
Et même pour te soulager
De ta douleur démesurée.

As-tu perdu tes biens? Arrête, arrête ici,
Et fais-nous part * de ton souci. (*Bis*)

MADELEINE.

J'ai tout perdu, perdant mon maître;
Je n'ai plus à faire de vous;
Je cherche mon divin époux,
L'auteur et la fin de mon être.
Ah! laissez-moi passer, ne me détournez pas,
Je veux chercher * jusqu'au trépas. (*Bis*)
Cher jardinier, dis-moi, de grâce,
Aurais-tu pris dans ce tombeau
De tous les hommes le plus beau?
Hé! montre-moi sa sainte face,
Déclare où tu l'as mis, et je l'enlèverai
Pour le porter * où je serai. (*Bis*)

JÉSUS.

Ne cherche plus, heureuse amante,
Me voici, ne me touche pas;
Porte à mes frères, de ce pas,
Cette nouvelle consolante;
Tu me vois avant tous, n'ayant pu me cacher
A ton ardeur * à me chercher. (*Bis*)

LES JUIFS.

Entrez, Sara, dans la nacelle,
Lazare, Marthe et Maximin,
Célon, Trophime, Saturnin,
Les trois Marie et Marcelle,
Eutrope, Marcial, Cédoine avec Joseph,
Vous périrez * dans cette nef. (*Bis*)
Alors sans voile et sans cordage,
Sans mât, sans ancre et sans timon,
Sans aliments, sans aviron,
Allez faire un triste naufrage;
Retirez-vous d'ici, laissez-nous en repos,
Allez crever * parmi les flots. (*Bis*)

CETTE SAINTE TROUPE.

Doux Rédempteur, divin monarque,
Soyez prompt à nous secourir,
Car nous allons bientôt périr,
Si vous ne conduisez la barque;
Jetez-nous dans un port pour publier la foi
Et les douceurs ˙ de votre loi. (*Bis*)
Rendons nos vœux et nos hommages
Au Très-Haut qui nous a sauvés,
Et qui seul nous a conservés,
Parmi les flots et les orages;
Allons tout promptement prêcher de tous côtés
De notre foi ˙ les vérités. (*Bis*)

MADELEINE.

Restez ici, mon cher Lazare,
Vous êtes propre en ce lieu,
Tâchez d'y convertir à Dieu
Ce peuple idolâtre et barbare;
Vous y mourrez un jour pour la seconde fois;
Digne pasteur ˙ des Marseillois. (*Bis*)
Je vois la foi bien établie,
Tout ce peuple adore la croix;
Je n'ai plus qu'à chercher un bois,
Pour y pleurer toute ma vie,
Et pour y méditer ce que le roi des cieux
Vient de souffrir ˙ dans les saints lieux. (*Bis*)
Assignez-moi, Dieu de mon âme,
Quelque recoin des plus secrets,
Où j'aille nourrir mes regrets
Et les ardeurs de votre flamme;
Placez-moi dans un lieu qui puisse m'animer
A fondre en pleurs ˙ et vous aimer. (*Bis*)

UNE TROUPE D'ANGES.

Viens dans un bois de la Provence,
Où tu pourras jusqu'à la fin

Aimer Dieu comme un séraphin,
Pleurer et faire pénitence ;
Voici les bois affreux et le creux d'une roche
Que nous t'offrons * pour te cacher. (*Bis*)

III

LES LARMES DE SAINTE MARIE-MADELEINE,
AU DÉSERT DE LA SAINTE-BAUME

Air : *Que t'ai-je fait, Placide ? etc.*

Sombre forêt, prends part à mes douleurs,
Bois sans pareil, désert de la Provence,
Le cœur contrit, les yeux noyés de pleurs,
Je viens ici pour faire pénitence.

Creux de dragon, insensible rocher,
Que je choisis pour ma chère demeure,
Entends mes pleurs, et t'y laissant toucher,
Pleure avec moi jusqu'à ce que je meure.

Ah ! c'est trop peu que tu pleures trente ans,
Après ma mort il faut que de ta voûte,
Tant que les cieux feront durer le temps,
Tes claires eaux distillent goute à goutte.

Monstres affreux, farouches animaux,
Sortez d'ici, cédez-moi cette Baume,
Mon médecin y veut guérir mes maux,
Changeant mes pleurs en un souverain baume.

L'âme et le corps ont irrité mon Dieu
En ajoutant offense sur offense,
J'ai résolu que tous deux en ce lieu,
Pour apaiser embrassent la souffrance.

Si le Sauveur m'accorde le pardon,
Si sa bonté m'affranchit du supplice,
Je ne dois pas, sous ombre qu'il est bon,
Mettre en oubli les droits de sa justice.

Puisque sa main ne veut pas me punir,
Par un effet de son amour extrême,
J'en veux garder l'éternel souvenir,
Et châtier mes péchés par moi-même.

Tout doit pleurer dans cet antre pleureur,
Tout doit sans fin témoigner ma tristesse,
Et faire voir combien je sens d'horreur
D'avoir été si longtemps pécheresse.

Conçois, mon cœur, des regrets éternels,
Déplore ici tes flammes criminelles,
Qui consumaient tant de cœurs criminels,
Les engageant aux flammes éternelles.

Pour mettre ici mes vanités à bas,
Mon triste cœur m'en fournira les armes,
Par mes sanglots les perles de mes bras
Enfanteront les perles de mes larmes.

Pleurez, mes yeux, sans dire c'est assez ;
Que dans vos eaux je sois toujours noyée
Pour effacer des crimes effacés,
Et nettoyer mon âme nettoyée.

Ah ! mes soupirs, confessez mon erreur,
Et vous, mes mains, vengez d'un Dieu l'outrage,
En vous armant d'une sainte fureur
Pour amortir le teint de mon visage.

Les vains objets qui ravissaient mes sens
N'auront pour moi désormais plus d'amorces.
Mon chaste époux, par ses traits ravissants,
M'en fait jurer un éternel divorce.

De jour, de nuit, dans ces vastes déserts,
Je collerai ma bouche contre terre,
Pour la punir des infâmes baisers
Qui jour et nuit faisaient à Dieu la guerre.

Mes bras mondains, pour leurs embrassements,
, Seront en croix autant qu'ils pourront l'être ;
Mes cheveux d'or, filets de tant d'amants,
M'attacheront aux pieds de mon doux maître.

Mes pieds errants, pour tous leurs mauvais pas,
Seront piqués de cailloux et d'épines,
Et tout mon corps, pour ses divers ébats,
Sera meurtri de coups de disciplines.

Pour les galants qui me faisaient la cour,
Je me verrai seule dans ces bocages ;
Pour les beaux airs et les chansons d'amour,
J'aurai les cris des animaux sauvages.

Mes affiquets, mes mouches et mon fard
Me vont causer un rigoureux supplice,
Mes beaux habits de soie et de brocart
Seront changés en un rude cilice.

Mon odorat aura des puanteurs,
Pour l'ambre gris, le musc et la civette,
Pour les parfums et les douces senteurs
Dont j'embaumais ma chambre et ma lavette.

J'aurai toujours la douleur pour mon pain,
Mon cher époux pour mon heureux partage,
Pour mon miroir une croix à la main,
Le roc pour lit, et mes pleurs pour breuvage.

Je veux enfin, en l'état où je suis,
Pleurer toujours ma lâche ingratitude,
Je veux nourrir mes regrets, mes ennuis,
Dans le recoin de cette solitude.

RÉFLEXION.

Pleure, pécheur, tes péchés à ton tour,
En te moulant sur notre pénitente,
Va quelquefois visiter son séjour
Pour ranimer ton âme languissante.

Tout ce saint lieu t'invite à te sauver,
Son bois affreux t'apprend la vie austère,
L'eau de son roc à toujours te laver,
Et son cachot à vivre en solitaire.

Obtenez-nous, amante de Jésus,
Que nous fassions comme vous pénitence,
Et qu'aimant Dieu, nous ne l'offensions plus,
Pour mériter du ciel la récompense.

IV

A L'HONNEUR DE SAINTE SUSANNE

Air : *Amaryllis, vous êtes blanche et blonde, etc.*

L'UN DES VIEILLARDS.

C'est trop cacher mon amoureuse flamme,
C'est trop cacher de mon mal la rigueur,
Je veux t'ouvrir le secret de mon âme,
Et déclarer le tourment de mon cœur ;
Susanne m'a blessé, j'ai honte de le dire,
Ses attraits ravissants font mon martyre,

L'AUTRE.

Je suis épris aussi bien que toi-même,
Tant de beauté excite mes soupirs,
Puisque ton cœur chérit celle que j'aime,
Efforçons-nous d'apaiser nos désirs ;
Entrons dans son jardin, allons tous deux l'attendre,
Nous nous tiendrons cachés pour la surprendre.

SUSANNE A SES SUIVANTES.

Sortez d'ici, mes fidèles suivantes,
Allez querir de l'huile et du savon,
Fermez la porte et soyez diligentes,
Je vous attends dessous ce pavillon ;

Je veux laver mon corps dans ce bain toute seule,
Et modérer un peu ce chaud qui brûle.

LES DEUX VIEILLARDS.

Nous voici seuls, Susanne bien-aimée,
Nous voici seuls en toute liberté,
Sois sans regret, chaque porte est fermée,
Soumets ton cœur à notre volonté;
Si tu ne condescends à nous tôt satisfaire,
Nous t'allons accuser comme adultère.

SUSANNE.

O justes cieux! à quoi suis-je réduite?
De toute part je ne vois que danger;
Je ne puis plus me sauver par la fuite,
Ces deux vautours ont fermé le verger;
Je n'ai que mes sanglots et mes pleurs pour remède;
Je veux pourtant crier à l'aide, à l'aide.

LES VIEILLARDS.

Tous tes sanglots et toutes tes alarmes
Ne te sauraient délivrer de nos mains.
Retiens tes cris, ne verse plus de larmes,
Nous prétendons d'accomplir nos desseins;
A quoi bon t'opposer? pèse notre puissance,
Et préfère à la mort l'obéissance.

SUSANNE.

Si je m'oppose à vos désirs infâmes,
Je le vois bien, vous tramerez ma mort;
Si j'y consens, je mérite les flammes
Qui des damnés sont le funeste sort;
Mais malgré vos fureurs, je veux vivre sans crime,
Que chaste aux yeux de Dieu, je sois victime.

LES VIEILLARDS.

Ah! serviteurs, venez tous, courez vite,
Votre maîtresse a souillé ce jardin.

Garrottez bien cette femme hypocrite,
Elle a trompé son époux Joachim ;
Nous tenions son galant en demandant main-forte ;
Mais il s'est échappé par cette porte.

SES SERVITEURS.

Qui l'eût pensé qu'elle eût commis ce crime ?
Nous confessons à vos pieds qu'elle a tort.
Nous en avions une si haute estime !
Et cependant elle est digne de mort.
Mais, de grâce, messieurs, donnez une sentence
Qui signale aujourd'hui votre clémence.

LES VIEILLARDS.

Que sans délai cette femme infidèle
Soit lapidée à cinq cents pas d'ici,
Faites-la donc paraître en criminelle,
Et que pas un ne la prenne en merci ;
Montrez-la tous au doigt, l'adultère publique,
Et ne l'appelez plus qu'une impudique.

SES PARENTS.

Hélas ! hélas ! qu'avez-vous fait, Susanne ?
Vous diffamez toute notre maison,
L'autorité des juges vous condamne,
Chacun nous dit qu'ils ont juste raison ;
Quelle honte pour nous qu'on vous traîne au supplice
Au milieu des archers de la justice !

SUSANNE.

Dieu de mon cœur, qui voyez toute chose,
Et de qui seul j'attends tout mon appui,
Si j'ai commis le crime qu'on m'impose,
Me voici prête à mourir aujourd'hui ;
Mais vous savez, grand Dieu ! quelle est mon innocence,
Et que je ne perds point votre présence.

DANIEL.

Grands et petits, croyez ma voix tonnante :
En quel péché vous précipitez-vous ?

Vous condamnez une femme innocente,
Au seul rapport de ces avides loups.
Allons les séparer, pour voir dans un quart d'heure
Que tout ce qu'ils ont dit n'est qu'imposture.

LES PLUS SAGES DU PEUPLE A DANIEL.

Mon cher enfant, nonobstant ton bas âge,
Nous te croirons plus que des hommes faits ;
Fais-nous donc voir par leur faux témoignage,
De ces vieillards les horribles forfaits ;
Confonds ces imposteurs, et délivre Susanne
Que l'on tenait déjà pour courtisane.

DANIEL A L'UN DES VIEILLARDS.

Tison d'enfer, vengeance de vipère,
Sale imposteur, dis-nous à quel endroit
Cette innocente a commis l'adultère ;
Déclare-nous sous quel arbre elle était,
Réponds sans chanceler, abominable juge ;
Tu n'as plus que la mort pour ton refuge.

LE VIEILLARD.

Elle a commis ce détestable crime
Au côté droit, sous un grand cerisier.
Si je mens, que le démon m'abîme
Au plus profond de l'éternel brasier.
Je suis digne de foi, croyez ce que j'avance,
Mes propres yeux ont vu son impudence.

DANIEL.

Ah ! faux vieillard, exécrable parjure,
Tes saletés ne te suffisant pas,
Tu joins encore le mensonge à l'ordure,
Et veux noircir ton cœur jusqu'au trépas ;
Ministre de Satan, tes noires calomnies
Et tes impuretés seront punies.

LE MÊME A L'AUTRE VIEILLARD.

Et toi, brutal tout rempli de malice,
Juge pervers, infâme chicaneur,

En quel endroit Susanne et son complice,
Et sous quel arbre, ont-ils perdu l'honneur?
Tu ne sais, malheureux, tu ne sais quoi répondre,
Lorsque tu me vois prêt pour te confondre.

LE VIEILLARD.

Un prunier vert, tout contre une cabane,
Au côté gauche, est cet horrible lieu
Où j'ai surpris le complice et Susanne,
Lorsqu'en plein jour tous deux offensaient Dieu;
Je jure avec serment comme juge équitable,
Que ce que je vous dis est véritable.

DANIEL.

Tu mens, cruel, tu mens, juge perfide,
Chacun connaît ton infidélité,
Va, méchant juge, il faut qu'on te lapide,
Pour bien punir ton impudicité;
Chers enfants d'Israël, assommez ces infâmes,
Susanne est le miroir des chastes dames.

TOUT LE PEUPLE.

Louange, honneur, vertu, salut et gloire
Soit au Seigneur en terre et dans le ciel;
Que de Susanne on chante la victoire
Et la vertu du jeune Daniel;
Réjouissons-nous tous avec notre amazone,
Et cherchons des lauriers pour sa couronne.

RÉFLEXION.

Instruisons-nous par cette illustre femme,
A respecter Dieu présent dans nos cœurs,
A résister à ce qui souille l'âme,
A bien souffrir de nos persécuteurs;
Mais apprenons surtout au fort de nos souffrances,
De fonder en Dieu nos espérances.

FINS DERNIÈRES

I

LA MORT EN GÉNÉRAL

Air *de Biron*.

Arrête ici, passant, regarde cette tombe ;
Riches, grands et petits, à la mort tout succombe.
   Regarde bien comme la mort m'a mis ;
Il doit t'en arriver autant, je te le dis,
Quand la mort me surprit au printemps de mon âge,
Je me piquais d'esprit, de beaucoup de courage,
   Au même instant, je m'en vis séparé ;
Tu doute, en me voyant, si j'ai jamais été.

Entre dans ce tombeau, remue cette poussière.
Tu n'y verras plus rien de ma beauté première ;
   Regarde-moi dedans ce monument ;
Les vers ne m'ont laissé que les os seulement.

En regardant mon nom écrit sur cette pierre,
Pénètre plus avant, et fouille jusqu'en terre,
   Apprends de moi ce que c'est qu'un corps mort,
Médite, en me voyant, quel doit être ton sort.

Renverse ce tombeau, tu n'y verras qu'ordure,
Que puanteur, que vers, qu'horreur, que pourriture ;
   Ce que tu fus, autrefois j'ai été ;
Comme moi tu seras, l'arrêt en est porté.

La chair se change en vers, et les vers en poussière.
C'est ainsi que nos corps rentrent dans leur matière ;
   En peu de jours l'homme entier se dissout,
Et devant un limon dont le temps vient à bout.

En me voyant ici, ne t'oublie pas toi-même,
C'est un arrêt porté par le juge suprême ;
   Tu me suivras, c'est une vérité
Que dans quelques moments viendra l'éternité.

I I

SUR LA MORT

Air : *Hélas ! cruelle amante, etc.*

LA MORT.

Mortel, voici ton heure,
Je viens finir tes jours, malgré tous tes efforts ;
Je te viens renfermer dans une sépulture,
  Où par les vers je détruirai ton corps ;
    Mortel voici ton heure,
Délaisse les vivants et viens te joindre aux morts,
      Aux morts,
    Et viens te joindre aux morts.

LE MORIBOND.

Faut-il quitter la vie
Sans avoir entrepris de bien vivre un seul jour ?
Quand je pense à l'arrêt dont tu seras suivie,
  J'ai de la peine à quitter ce séjour ;
    Faut-il quitter la vie
Sans avoir commencé d'aimer Dieu tout d'amour,
      D'amour,
    D'aimer Dieu tout d'amour ?

LA MORT.

Je suis une trompeuse,
Tu me croyais bien loin, et j'étais près de toi,
Tu croyais de veiller, mais je t'en désabuse.
  Il faut mourir sans me dire pourquoi.
    Je suis une trompeuse,
Mais je ne trompe point ceux qui pensent à moi,
      A moi,
    Ceux qui pensent à moi.

LE MORIBOND.

Bon Dieu, quelle détresse !
J'aperçois dans mon fonds plusieurs vices secrets ;

Les honneurs, les plaisirs et les fausses richesses,
Percent mon cœur de mille et mille traits ;
Bon Dieu, quelle détresse !
Il ne me reste plus que de cuisants regrets,
Regrets,
Que de cuisants regrets.

LA MORT.

Je ris de tes alarmes,
Et des fâcheux remords qui déchirent ton cœur ;
Lorsque Dieu te pressait de te rendre à ses charmes,
Tu méprisais sa grâce et sa rigueur ;
Je ris de tes alarmes,
Je me moque à mon tour d'un insolent moqueur,
Moqueur,
D'un insolent moqueur.

LE MORIBOND.

Hélas ! un jour de trêves,
Serait bientôt passé, ne le refuse pas ;
Laisse-moi repentir avant que tu m'enlèves,
J'ai du regret d'avoir pris mes ébats ;
Hélas ! un jour de trêves,
Me peut faire gagner le ciel à mon trépas,
Trépas,
Le ciel à mon trépas.

LA MORT.

Je suis impitoyable,
Tu devais en ton temps faire ce que tu dis,
Qui ne fait ce qu'il peut dans le temps favorable,
Met au hasard sa part du paradis ;
Je suis impitoyable,
Tu ne jouiras plus des plaisirs de jadis,
Jadis,
Des plaisirs de jadis.

LE MORIBOND.

Ah! ah! que tu me presses.
Laisse-moi recevoir les derniers sacrements;
Je prétends m'acquitter de mes justes promesses,
  Par le meilleur de tous les testaments;
    Ah! ah! que tu me presses.
Veux-tu pas m'accorder encore quelques moments,
        Moments,
      Encore quelques moments?

LA MORT.

  Le temps que tu demandes,
Et que tu n'as perdu que par respect humain,
Tu l'avais par emprunt; il faut que tu le rendes
  Même aujourd'hui, sans attendre demain;
    Le temps que tu demandes
N'est pas à mon pouvoir, non plus que dans ta main,
        Ta main,
      Non plus que dans ta main.

LE MORIBOND.

  Du moins, dis-moi, de grâce,
Où doit-on me loger au sortir de ce lieu?
Aurai-je dans le ciel ou dans l'enfer ma place,
  Quand j'aurai dit au monde mon adieu?
    Du moins, dis-moi, de grâce,
Serai-je pour jamais ou proche ou loin de Dieu,
        De Dieu,
      Ou proche ou loin de Dieu?

LA MORT.

  Avant que l'heure sonne,
Tu sauras le séjour de ton éternité;
Cependant sois certain que ton juge ne donne
  Que justement ce qu'on a mérité;
    Avant que l'heure sonne,
Tu verras, ou l'enfer, ou la sainte cité.

Cité,
Ou la sainte cité.

LA MORIBOND.

Je n'ai plus rien à dire,
Je ne veux point savoir quel doit être mon sort ;
Tel que Dieu le voudra, tel mon cœur le désire,
Dussé-je bien faire naufrage au port ;
Je n'ai plus rien à dire,
Je souscris de bon cœur à mon arrêt de mort,
De mort,
A mon arrêt de mort.

III

LE JUGEMENT DERNIER

AIR : *Poussé par le Dieu qui m'inspire.*

J'entends la trompette effrayante,
Qui crie : O vous, morts ! levez-vous,
Et qui dans un clin d'œil, d'une voix foudroyante,
Au tribunal de Dieu nous assemblera tous.
J'entends la trompette effrayante
Qui crie : O vous, morts ! levez-vous.

J'entends la trompette que l'ange
Fera retentir dans les airs ;
J'entends un son perçant, j'entends un bruit étrange
Qui fait trembler le ciel, la terre et les enfers.
J'entends, etc.

Tremblez, habitants de la terre,
Tremblez, le Seigneur va venir ;
De sa part, ô pécheurs ! nous vous faisons la guerre ;
Il paraîtra bientôt ; il viendra pour punir.
J'entends, etc.

Rendez-vous devant votre juge,
Il va paraître en un moment :

En vain, pour échapper, cherchez-vous un refuge,
Rois, peuples, grands, petits, venez au jugement.
    J'entends, etc.

    Sortez du profond des abîmes,
    Venez, ô monstres infernaux !
Saisissez les pécheurs, et pour punir leurs crimes,
Préparez les tourments, assemblez tous les maux.
    J'entends, etc.

    Ouvre, pécheur, ouvre l'oreille,
    Préviens un si malheureux sort !
Celui qu'un si grand bruit n'excite et ne réveille,
Ne dort pas seulement, mais il est déjà mort.
    J'entends, etc.

    J'entends la trompette qui crie :
    O morts ! levez-vous promptement ;
Vous-mêmes, jugez-vous ; changez, changez de vie
Et vous ne craindrez rien au dernier jugement.
    J'entends la trompette qui crie :
    O morts ! levez-vous promptement.

IV

LE CARILLON DE LA MORT

Air : A la mort, etc.

    A la mort, à la mort,
    Pécheur, ce temps viendra,
    A la mort, à la mort,
      Tout finira ;

Il faut mourir, il faut mourir,
De ce monde il faut sortir,
Le triste arrêt en est porté,
Il faut qu'il soit exécuté.
    A la mort, etc.

Comme une fleur qui flétrit,
Ainsi bientôt l'homme périt ;
L'affreuse mort vient de ses jours
Dans peu de temps finir le cours.
   A la mort, etc.

Pécheur, approchez du cercueil,
Venez confondre votre orgueil :
Là tout ce qu'on estime tant
Est enfin réduit au néant.
   A la mort, etc.

Esclaves de la vanité,
Que deviendra votre beauté ?
L'infection, la puanteur,
Vous rendront un objet d'horreur.
   A la mort, etc.

O vous qui prenez vos plaisirs,
Qui contentez tous vos désirs,
Pour vous quel affreux changement,
La mort va faire en un moment.
   A la mort, etc.

Adieu famille, adieu parents,
Adieu chers amis, chers enfants ;
Votre cœur s'en affligera ;
Mais enfin tout vous quittera.
   A la mort, etc.

Du tombeau l'obscure prison,
Voilà, pécheur, votre maison ;
Là ces corps qui vous sont si chers
Seront dévorés par les vers.
   A la mort, etc.

Voilà l'état de votre corps ;
Mais l'âme où sera-t-elle alors ?

En présence d'un Dieu vengeur,
O quelle sera sa frayeur !
    A la mort, etc.
Ses actions Dieu pèsera,
Son arrêt il prononcera.
Oh! le redoutable moment,
D'où notre éternité dépend !
    A la mort, etc.
Grand Dieu, je le dis plein d'effroi,
Que ferez-vous alors de moi ?
Si vous me trouvez criminel,
Ah! mon malheur est éternel.
    A la mort, etc.
S'il fallait subir votre arrêt,
Chrétiens, qui de vous serait prêt ?
Combien dont le funeste sort
Serait une éternelle mort !
    A la mort, etc.
Pécheurs, pour n'être point surpris,
Pleurez tant de péchés commis ;
Brisez vos malheureux liens,
Commencez à vivre en chrétiens.
    A la mort, etc.

V

IL MÉDITE SUR L'INCONSTANCE DES CHOSES DE CE MONDE

AIR : *J'aime rarement.*

Sous le firmament,
Tout n'est que changement,
    Tout passe.
Ainsi que sur la glace,
Le monde va roulant,
Et dit, en s'écoulant,
    Tout passe.

C'est la vérité,
Hormis l'éternité,
    Tout passe.
Faisons valoir la grâce,
Le temps est précieux,
Puisque devant ses yeux
    Tout passe.
Les charges, les rangs,
Les petits et les grands,
    Tout passe.
D'autres prennent la place,
Et s'en vont à leur tour,
Dans ce mortel séjour.
    Tout passe.
Comme le vaisseau
Qu'on voit flotter sur l'eau,
    Tout passe.
Il n'est plus de trace;
Ainsi vont les honneurs,
Les biens et les grandeurs.
    Tout passe.
Jeunesse et beauté,
Plaisir, force et santé,
    Tout passe.
Tout flétrit, tout s'efface,
Comme la fleur des champs,
Tout suit le cours du temps,
    Tout passe.
Nos jours sont comptés,
Nos moments limités,
    Tout passe.
Et quoique l'homme fasse,
Ses jours s'en vont courant
Plus vite qu'un torrent.
    Tout passe.

Tel est notre sort,
Il faut que par la mort
   Tout passe.
Le juste qui trépasse,
Dans un heureux repos,
Voit la fin de ses maux.
   Tout passe.
Mais le pécheur,
Hélas ! pour son malheur,
   Tout passe,
Et tout change de face
Dans ces derniers moments,
Excepté les tourments.
   Tout passe.
Dieu punit le mal,
Et par son tribunal,
   Tout passe.
Afin d'y trouver grâce,
Dégageons notre cœur,
De ce monde trompeur.
   Tout passe.
Heureux le passant,
Qui va toujours pensant.
   Tout passe.
Rien n'est plus efficace
Contre les passions
Que ces réflexions.
   Tout passe.

VI

IL SE DÉGOUTE DU MONDE

Air : *A mon secours.*

Monde trompeur,
Je reconnais ta flatterie,
Monde trompeur ;
En vain tu veux charmer mon cœur ;
Jésus seul est la douce vie
Que tes charmes m'avaient ravie,
Monde trompeur.

Retire-toi,
J'entends le Seigneur qui m'appelle,
Retire-toi.
Je ne veux suivre que sa loi ;
Si je lui fus toujours rebelle,
Je lui serai toujours fidèle,
Retire-toi.

Jusqu'à la mort
Je te déclarerai la guerre ;
Jusqu'à la mort
Le Seigneur sera mon support ;
Je suis son fils, il est mon père,
Sa charité fait que j'espère
Jusqu'à la mort.

O vains objets
Dont mon âme fut amusée !
O vains objets !
Vous ne la séduirez jamais ;
Elle est enfin désabusée,
Vous l'avez mal récompensée,
O vains objets !

Oh! quel bonheur !
Mon Dieu vient de se faire entendre,
   Oh! quel bonheur !
Il m'a dit : Je choisis ton cœur ;
Il est à moi, je veux le prendre :
Ah! que cette parole est tendre !
   Oh! quel bonheur.

   Quelle bonté !
Le Seigneur cherche une infidèle ;
   Quelle bonté !
Je rougis de ma dureté ;
Serai-je donc toujours rebelle ?
Non, j'entends sa voix qui m'appelle.
   Quelle bonté !

   Sans plus changer,
Je me consacre et m'abandonne,
   Sans plus changer,
A Dieu seul sans me partager ;
Je prends les mépris pour couronne ;
C'est tout ce que j'ambitionne,
   Sans plus changer.

   Oh! qu'il est doux
D'avoir Dieu seul pour son partage !
   Oh! qu'il est doux
Mon Seigneur, de n'aimer que vous !
Quelle gloire et quel avantage !
Le ciel devient notre héritage ;
   Oh! qu'il est doux !

   Qu'on est heureux,
Quand Dieu seul fait notre richesse,
   Qu'on est heureux !
Seul il fait combler tous nos vœux :
On l'aime, on le bénit sans cesse ;

Il remplit le cœur de tendresse ;
    Qu'on est heureux !

    Si vous saviez,
Aveugles amateurs du monde,
    Si vous saviez !
Si pour un moment vous goûtiez
La douceur et la paix profonde
D'un cœur qui sur Dieu seul se fonde,
    Si vous saviez !

    Ah ! qu'il est doux,
Quand on aime un Dieu qui nous aime,
    Ah ! qu'il est doux
De sentir qu'il est tout à nous !
De posséder un bien suprême,
Et d'être en paix avec soi-même ;
    Ah ! qu'il est doux !

VII

SENTIMENTS DE CONFIANCE A LA VUE DE JÉSUS SUR LA CROIX

Dieu, qui pour nous racheter
Est mort sur le calvaire,
Je crains de voir éclater
Contre moi votre colère ;
J'ai trop su la mériter,
Fils ingrat envers mon père ;
Mais songez, adorable roi,
Que vous êtes mort pour moi.

Grand Dieu ! si votre bonté
Ne l'emporte sur mon crime,
Je vois le ciel irrité
Prêt à perdre sa victime ;

L'enfer que j'ai mérité
M'ouvre déjà son abîme;
Mais songez, etc.

J'ai fait servir vos bienfaits,
Seigneur, à vous faire outrage ;
Dans mon âme mille excès
Ont profané votre ouvrage ;
Vous n'y voyez plus des traits
De votre divine image ;
Mais songez, etc.

Vous vouliez me convertir,
Je ne pouvais m'y résoudre ;
J'attendais sans repentir
Tout l'éclat de votre foudre ;
Je la vois prête à partir ;
Elle va mettre en poudre ;
Mais songez, etc.

Je résiste chaque jour
Aux attraits de votre grâce ;
Je n'ai pour vous nul retour,
Je me sens un cœur de glace ;
Je crains qu'enfin votre amour
De mes froideurs ne se lasse ;
Mais songez, etc.

Apaisez votre courroux,
Et me devenez propice ;
Regardez d'un œil plus doux
De mon cœur le sacrifice ;
Je soupire à vos genoux,
Pour fléchir votre justice.
Ah ! songez, adorable roi,
Que vous êtes mort pour moi.

VIII

LES PEINES DE L'ENFER

Air : *Quand le roi partit de France.*

L'ENFER.

Malheureuse âme damnée,
Qui t'a mise dans ces feux?
Qui t'a mise, infortunée,
Dans ces cachots ténébreux?

LE DAMNÉ.

Ah! c'est ma pure malice
Qui m'a plongé dans ce feu
Où j'éprouve la justice
Et la vengeance de Dieu.

Ma perte est universelle,
Dieu perdu, tout est perdu;
Dieu perdu, perte cruelle!
Ce mot n'est point entendu.

Ah! que je suis misérable!
Jamais je ne verrai Dieu :
O malheur épouvantable!
Qu'on ne comprend qu'en ce lieu,

Je n'ai plus Dieu pour mon père,
Il est mon juge irrité;
Tout le poids de sa colère
Punit mon iniquité.

Comme je suis sur la terre
Contraire à ce Dieu puissant,
Il me rend guerre pour guerre,
Il m'accable à chaque instant.

J'ai pour une bagatelle,
Pour un plaisir d'un moment,

Perdu la vie éternelle,
J'en enrage incessamment.

Hélas! ma vie est passée;
O souvenir très-cruel!
Je sens mon âme rongée
D'un repentir éternel.

Je gémis sans pénitence,
Je brûle sans consumer,
Je souffre sans espérance,
Je me repens sans aimer.

Dans tout ce qui m'environne,
Je trouve un nouveau tourment;
Je souffre sans qu'on me donne
Le moindre soulagement.

Tous les démons me tourmentent,
Tous sont mes cruels bourreaux;
Ces affreux tyrans inventent
Des tourments toujours nouveaux.

Je ne respire que flamme,
Tant au dehors qu'au dedans;
Le feu pénètre mon âme,
Je suis un charbon ardent.

Le désespoir et la rage,
Et les grincements de dents,
Sont mon unique langage,
Au milieu de mes tourments.

Je me déchire moi-même,
Je me dépite et maudis,
Car mon malheur est extrême
Et mes maux sont infinis.

Une peine qui m'accable,
C'est la longue éternité;
O jamais épouvantable!
O terrible vérité!

Pour jamais dans la souffrance
Des plus affreux châtiments,
Pour jamais sans espérance,
D'expirer dans mes tourments.
Rage, fureur et blasphème,
Puisqu'il faut toujours souffrir,
Puisqu'il faut rester de même
Sans jamais pouvoir mourir.

Ah! c'est trop tard que je pleure
D'être mort dans le péché ;
Malheureuse et maudite heure
Où mon cœur en fut taché.

Homme mortel, fais-toi sage,
Et le fais à mes dépens.
Si tu n'entends mon langage,
Tu souffriras mes tourments.

RÉFLEXION.

O quel funeste langage!
J'en frémis, j'en suis touché ;
Oui, je veux me rendre sage,
En évitant le péché.

IX

LES TOURMENTS DE L'ENFER

DEMANDE.

Malheureuses créatures,
Que le Dieu de l'univers,
Par d'éternelles tortures,
Punit au fond des enfers,
  Dites-nous, dites-nous,
Quels tourments endurez-vous.

RÉPONSE.

Nos tourments sont trop horribles,
Pourriez-vous les écouter?

Ils sont incompréhensibles,
Dieu seul peut les raconter.
   Hélas! hélas!
Mortels, ne nous suivez pas.

AUX AVARES.

Que vous reste-t-il, avares,
De cet argent, de cet or,
Et de tous ces meubles rares
Qui faisaient votre trésor?
   Dites-nous, etc.

RÉPONSE.

Une éternelle indigence
Est le déplorable fruit
Que notre avare opulence
Pour jamais nous a produit.
   Hélas! etc.

AUX IMPUDIQUES.

Racontez-nous, impudiques,
Les douleurs que vous sentez,
Pour vos infâmes pratiques
Et vos sales voluptés.
   Dites-nous, etc.

RÉPONSE.

Ah! pour des plaisirs infâmes,
Pour des plaisirs d'un moment,
Faut-il au milieu des flammes
Brûler éternellement?
   Hélas! etc.

AUX DANSEURS.

Et vous, mondains, pour vos danses,
Pour vos divertissements,
Pour vos jeux et vos dépenses,
Et vos vains amusements,
   Dites-nous, etc.

RÉPONSE.

Maudits soient nos délices,
Nos danses, festins et jeux,
Qui sont cause des supplices
Que nous souffrons en ces feux.
    Hélas ! etc.

AUX IVROGNES.

Vous qui, même au jour de fête,
Méprisant l'homme divin,
Par un mouvement de bête,
Alliez vous remplir de vin.
    Dites-nous, etc.

RÉPONSE.

Notre langue est arrosée
Du fiel amer des dragons,
Notre bouche est embrasée
Des feux que nous respirons.
    Hélas ! etc.

AUX VINDICATIFS.

Cœurs irréconciliables,
Inflexibles ennemis,
Par vos haines implacables
Où vous êtes-vous réduits ?
    Dites-nous, etc.

RÉPONSE.

Ah ! malheureux que nous sommes,
Pour n'avoir pas pardonné,
Le juste vengeur des hommes
Nous a pour jamais damné.
    Hélas ! etc.

AUX MÉDISANS.

Vous qui, dans les compagnies,
Par vos discours médisants
Et vos noires calomnies,

Déchirez-les innocents,
Dites-nous, etc.

RÉPONSE.

O Dieu! que les médisances
Dont on se fait tant d'honneur,
Causent d'extrêmes souffrances
Dans ce lieu rempli d'horreur.
Hélas! etc.

AUX JUREURS ET DISEURS DE SOTTISES.

Vous, langues abominables,
Jureurs du saint nom de Dieu,
Blasphémateurs exécrables,
Qui vous tourmente en ce feu?
Dites-nous, etc.

RÉPONSE.

Mille langues de vipères
Nous rongent incessamment;
C'est des langues téméraires
Le très-juste châtiment.
Hélas! etc.

A CEUX QUI ONT CACHÉ LEUR PÉCHÉ EN CONFESSE.

Vous qui, par crainte et par honte,
Cachiez à vos confesseurs
Des péchés dont tenait compte
Le Dieu qui sonde les cœurs,
Dites-nous, etc.

RÉPONSE.

Infortunés que nous sommes,
Nous éprouvons en ce lieu
Qu'en vain l'on se cache aux hommes
Quand on est connu de Dieu.
Hélas! etc.

A TOUS LES DAMNÉS.

Dans ce gouffre épouvantable,
Dans ce séjour plein d'horreur,

Des tourments dont vous accable
Le courroux d'un Dieu vengeur,
  Dites-nous, etc.
Quel est le plus grand mal de tous?

RÉPONSE.

Le tourment le plus horrible
N'est pas le tourment du feu ;
Il en est un plus terrible,
C'est de ne voir jamais Dieu.
    Hélas! etc.

RÉFLEXION DES VIVANTS.

Jamais, est-il bien possible?
Jamais! que ce terme est long!
Cette éternité terrible,
Nous abat et nous confond.
    Hélas! hélas!
Chrétiens, ne vous damnez pas.

X

COMPLAINTE SUR LE PURGATOIRE

Air *de Gabrielle de Vergy*.

Répondez, âme gémissante,
Ame si chère au Dieu sauveur,
Qui, docile autant que souffrante,
Respirez amour et douleur ;
Qui vous entraîna dans l'abîme
Où l'on sent un affreux tourment?
Et dans vos maux, qui vous ranime
De l'espoir le plus consolant?

Chrétiens, n'hésitez pas à croire
Combien mon sort est malheureux!
Les tortures du purgatoire
Pour nous sont autres que ses feux.

Ici, ma misère est extrême;
Mon Dieu ne me tend plus la main :
Je vis pour vous, beauté suprême,
Je vis, mais non dans votre sein.

Si l'état affreux que j'endure
Du ciel vous dépeint la rigueur,
Du saint amour l'ardeur si pure
N'en consume pas moins mon cœur.
J'aime, et de l'amour le plus tendre;
J'aime, et ne cesserai d'aimer;
J'aime, et ne saurais vous rendre
Ce que Dieu fit pour me charmer.

Sur chacun des jours de ma vie
Il versa ses dons abondants,
Et me promettait la patrie
Pour prix des plus doux sentiments.
Mon fils, me disait-il sans cesse,
Aime, et j'assurerai ton sort;
Aime ton père, et sa tendresse,
Dans peu, va te conduire au port.

Je ne fus pas toujours fidèle,
Je négligeai quelque devoir;
Tardant de suivre mon modèle,
Je nourrissais un vain espoir,
Je comptais sur ma pénitence,
Je voulais pleurer et gémir :
Dieu! pour obtenir ta clémence,
Je promettais de me punir.

J'en fis trop peu : l'aimable père,
L'ineffable consolateur,
Enfin parut un Dieu sévère,
De ses justes droits le vengeur :
De mes jours il tranche la trame ;
A son tribunal souverain

Il appelle et confond mon âme,
Mais non comme un juge inhumain.

Plus il est bon dans sa justice,
Et plus mon cœur est abattu,
Plus il ressent l'affreux supplice,
Dieu clément, de t'avoir déplu :
Oh! quand finira mon martyre?
Quand te verrai-je, ô saint époux?
Quand mon âme, qui tant soupire,
Aura-t-elle un aspect si doux?

Sois touché de mon infortune,
Des maux cruels que je ressens;
Loin de me juger importune,
Écoute mes tristes accents;
Chrétien, pour moi sois donc un frère,
Sois un père, un consolateur;
Que le tableau de ma misère
Te préserve de mon malheur.

Cherchons à peupler la patrie,
Des tendres amis du Seigneur;
Rouvrons-leur la source de vie,
Rendons-leur un père, un Sauveur!
Si comme juge il les repousse
De l'aimable et divin séjour,
Cette rigueur en rien n'émousse
Pour eux l'ardeur de son amour.

XI

SUR LE BONHEUR DES SAINTS

Air *du Confiteor.*

Amis de Dieu, qui dans les cieux
Possédez une même gloire,

D'un même accord en ces bas lieux
Nous célébrons votre victoire, (*Bis*)
Et les plaisirs (*bis*) toujours nouveaux
Dont Dieu couronne vos travaux. (*Bis*)

Les méchants éternellement
Seront plongés dans les supplices,
Et vous, brillants au firmament,
Goûtez les plus pures délices (*Bis*)
Le Tout-Puissant (*bis*) verse en vos cœurs
Toutes les eaux de ses douceurs. (*Bis*)

Pour des travaux courts et légers
Goûter un plaisir ineffable,
Vivre sans trouble et sans dangers
Dans une paix inaltérable; (*Bis*)
C'est votre sort (*bis*) et pour jamais ;
Ah! qu'il est doux! qu'il a d'attraits! (*Bis*)

Mais tandis qu'à votre bonheur
A l'envi tout le ciel conspire,
Percé d'une vive douleur,
Ici-bas notre cœur soupire. (*Bis*)
Que cet exil (*bis*) est ennuyeux !
Qu'il coûte de pleurs à nos yeux! (*Bis*)

Quand viendra donc cet heureux jour
Qui doit finir toutes nos peines?
Si las de ce triste séjour,
Quand verrons-nous briser nos chaînes? (*Bis*)
Quand vivrons-nous (*bis*) en liberté?
Au sein de l'immortalité (*Bis*)

Saints protecteurs, secourez-nous,
Soyez sensibles à nos larmes ;
Et que bientôt unis à vous,
Du ciel nous goûtions les doux charmes; (*Bis*)
Faites enfin (*bis*) qu'un heureux sort
Nous ouvre ce paisible port. (*Bis*)

XII

ÉGAREMENT ET RETOUR DE SAINT PIERRE

Air : *La lumière la plus pure.*

Tout, mon Jésus, t'abandonne ;
Tes amis n'osent parler
De ton auguste personne ;
Pierre ingrat va se cacher.
Mais malgré sa perfidie
Et son infidélité,
Tu cours lui rendre la vie,
Ta grâce et ton amitié.

Quand ce bon maître pardonne,
Il est plus grand à mes yeux
Que lorsque sa foudre tonne
Et nous frappe en ces bas lieux.
Un regard de ta tendresse,
Seigneur, quand je t'ai quitté,
Ranime plus ma faiblesse
Que ne fait ta majesté.

S'il prit contre toi les armes,
Pierre expire de douleur ;
Il est inondé des larmes
Que lui fait verser son cœur.
S'il a pu te méconnaître,
Il te cherche nuit et jour ;
Il te nomme son bon maître,
Il t'offre tout son amour.

Les tourments et la mort même
N'ont rien de quoi l'ébranler :
Pour Jésus que son cœur aime,
Il saura tout endurer.

La croix sera son partage,
Et son unique désir
Sera d'avoir l'avantage
De l'embrasser, d'y mourir.

XIII

AUX SAINTS ANGES

Air : *Avec les jeux dans le village.*

Chantres du ciel, je me dévoue
Et me consacre à vos ferveurs :
C'est votre Seigneur que je loue ;
Secondez-moi, célestes chœurs.
Souffrez qu'à vos divins cantiques
J'unisse mes chants et mes vers ;
Venez, venez, chœurs angéliques,
Soutenir mes faibles concerts. (*Bis*)

Daignez relever ma bassesse
Pour exalter en ces bas lieux
La gloire du Dieu que sans cesse
Vous célébrez au haut des cieux.
Que de mes sons les harmonies
Sachent répondre incessamment
Au doux bruit de vos symphonies
Dont retentit le firmament. (*Bis*)

Faites qu'animés de vos flammes,
Mes chants embrasent tous les cœurs ;
Qu'ils portent jusqu'au fond des âmes
Du saint amour les traits vainqueurs.
Que sur vos lyres immortelles,
Exerçant ma lyre et mes doigts,
Vos doux accords soient les modèles
Des faibles accents de ma voix. (*Bis*)

Anges, venez vous joindre aux hommes,
Chantons ensemble le Très-Haut,
Tout incapables que nous sommes
De chanter un Dieu comme il faut,
Formons les plus parfaits mélanges,
Tant de nos voix que de nos vœux ;
Jamais les hommes ni les anges
Pour lui n'auront d'assez beaux feux. (*Bis*)

XIV

HOMMAGE A LA PROVIDENCE

Air *de Gabrielle de Vergy.*

Permets, aimable Providence,
Le récit de mes longs malheurs !
C'est peindre ma reconnaissance
Pour tes ineffables faveurs !
Si longtemps ont coulé mes larmes,
Je fus si las de tant souffrir,
Que dans mes cruelles alarmes,
Je ne voulais plus que mourir.

Du sort une apparente injure
Rompit mes plus doux sentiments ;
Je perdis tout dans la nature :
Mes biens, mes amis, mes parents !
Personne, au sein de ma misère,
Ne daigna me tendre la main :
A mes maux, le ciel et la terre,
Tous les deux me semblaient d'airain.

Mon cœur, dans cet affreux supplice,
Se dissimulait tous ses torts ;
Au lieu d'apaiser ta justice
J'étouffais mes cuisants remords :
Si Dieu, disais-je en mon délire,

Etait pour moi compatissant,
Attendri d'un pareil martyre,
Il adoucirait mon tourment ;

Non, Seigneur, tu n'es plus mon père,
Tu n'es plus qu'un juge irrité,
Et victime de ta colère,
Je n'attends rien de ta bonté.
Fondez sur moi, fléaux terribles,
Garants d'un éternel bonheur :
Vous m'annoncez les maux horribles
Que me prépare un Dieu vengeur.

Par un si coupable langage,
J'outrageai le plus tendre amour,
Je te refusai mon hommage.
Accueille, ô Dieu bon ! mon retour.
Je baise ta main paternelle
Qui punit un ingrat enfant,
Pour qu'il cessât d'être rebelle,
Pour qu'il bénît un Dieu clément.

Tu sais qu'à la plainte coupable
A succédé le repentir ;
Je n'ai plus rien vu que d'aimable,
Ni rien que d'heureux à souffrir.
Ah ! j'ai senti, goûté vos charmes,
Pénible et consolante croix !
On'vit content au sein des larmes,
Jésus, quand on court à ta voix.

Tu m'appelles : c'est au Calvaire,
J'y vole en disciple soumis ;
Là ton sang coule, aimable père,
Sur tes plus fidèles amis.
Ne m'as-tu pas mis dans ce nombre ?
De la croix tu me tends la main.

Mon bien-aimé, viens sous son ombre,
Ce sera vivre dans mon sein.

Me voici, cher et tendre maître,
De la croix le pesant fardeau
Ne me fait plus te méconnaître;
Souffrir, mourir, rien n'est plus beau !
Est-il un bonheur comparable
A celui de vivre en souffrant,
Sinon le plaisir délectable
De souffrir même en expirant?

O douce, ò rare patience !
Pour moi, l'aurore du bonheur,
A la divine Providence
Tu pus donc soumettre ton cœur;
Tu fis plus, vertu précieuse,
Tu prévins, comblas mes souhaits;
Mon àme n'est plus malheureuse;
Elle sent l'amour et la paix.

Chrétiens, ne chérissons la vie
Que pour pleurer et pour gémir;
Nos pleurs nous ouvrent la patrie,
Souffrons jusqu'au dernier soupir.
Ah! qu'il est riant et paisible
L'instant qui termine le cours
D'une carrière pénible !
Dieu nous rend heureux pour toujours.

XV

LA VANITÉ DU MONDE

Air : *O ma tendre musette.*

Dans ce malheureux monde
Tout n'est que vanité,

Tout passe comme l'onde,
Avec rapidité :
Sa gloire, sa puissance,
Ses plaisirs, ses grandeurs,
N'ont rien que l'apparence :
Ils sont vains et trompeurs.

Dites-moi, je vous prie,
Qu'est devenu Samson,
L'honneur de la patrie,
Le sage Salomon,
Le vaillant Alexandre,
L'aimable Jonathas ?
Tous sont réduits en cendre :
Ne le serez-vous pas?

Où sont ces grands monarques
Qui bravaient les hasards ?
Reste-t-il quelques marques
Des plus nobles Césars,
Des illustres Pompées,
Et des riches Crésus ?
Leurs trésors, leurs trophées,
Leurs spectres, ne sont plus.

Ô monde! que ta gloire
Et tes plaisirs sont courts !
Leur plus douce mémoire
S'efface avec nos jours :
Tout passe, tout s'envole ;
Pourquoi donc, ô mortels,
Pour un bien si frivole
Perdre les éternels?

Terre, cendre et poussière,
Puisque vous ignorez
L'état et la manière
Et l'heure où vous mourrez ;

Profitez de la vie,
Ménagez ces moments
Dont la perte est suivie
Des plus cruels tourments.

XVI

CONTRE LES CALOMNIATEURS

Air : *Avec les jeux dans le village.*

Dans ces jours destinés aux larmes,
Où mes ennemis en fureur
Aiguisaient contre moi les armes
De l'imposture et de l'erreur ;
Contre une coupable licence,
Le Seigneur fut mon seul recours ;
J'implorai sa toute-puissance,
Et sa main vint à mon secours.

O Dieu ! qui punis les outrages
Que reçoit l'humble vérité,
Venge-toi, détruis les ouvrages
De ces lèvres d'iniquité ;
Et confonds cet homme parjure
Publiant avec légèreté
Les mensonges que l'imposture
Invente avec malignité.

Quel rempart, quelle autre barrière
Pourra défendre l'innocent
Contre la fraude meurtrière
De l'impie adroit et puissant ?
Sa langue, aux feintes préparée,
Part et frappe dans un moment ;
C'est un feu léger dès l'entrée
Que suit un long embrasement.

INSTRUCTION

SUR

LE MYSTÉRE DE L'EUCHARISTIE

I

O l'auguste sacrement,
Où Dieu nous sert d'aliment !
J'y crois présent Jésus-Christ,
Puisque lui-même l'a dit.

Aux prêtres donnant sa loi,
Il dit : Faites comme moi;
C'est mon corps livré pour vous;
C'est mon sang : buvez-en tous.

Dans la consécration,
Le prêtre parle en son nom;
Aussitôt et chaque fois,
Jésus se rend à sa voix.

Ainsi sans quitter le ciel,
Il réside sur l'autel;
Il fait ici son séjour,
Pour contenter son amour.

Le pain, le vin n'y sont plus,
C'est le vrai corps de Jésus;
Son corps tient le lieu du pain,
Son sang tient le lieu du vin.

Il en reste la couleur,
La rondeur, le goût, l'odeur;
Mais sous ces faibles dehors,
On a son sang et son corps.

Ne demandons pas comment.
Soumettons-nous seulement;
Si nos sens peuvent errer,
La foi nous doit assurer.

Dans chaque hostie il s'est mis
A la façon des esprits ;
On ne le partage point ;
Il est tout dans chaque point.

Également on reçoit,
Sous quelque espèce qu'il soit,
Avec sa divinité,
Toute son humanité.

Qui le prend indignement,
Mange et boit son jugement ;
C'est le crime de Judas,
Le plus noir des attentats.

Qui lui prépare son cœur,
Trouve en lui le vrai bonheur ;
S'unissant à Jésus-Christ,
Il devint un même esprit.

Jésus est le roi des rois,
Adorons-le sur la croix,
Adorons-le dans le ciel,
Adorons-le sur l'autel.

Adorons, louons, aimons
Le Seigneur dans tous ses dons ;
Surtout n'oublions jamais,
L'abrégé de ses bienfaits.

II

PIEUX SENTIMENTS ENVERS JÉSUS-CHRIST
AVANT LA COMMUNION

Air *des folies d'Espagne.*

Tu vas remplir le vœu de ta tendresse,
Divin Jésus, tu vas me rendre heureux ;
O saint amour, délicieuse ivresse !
Dans ce moment mon âme est tout en feux.

Grands, opulents, princes, souverains même,
Je me rirai de votre faux bonheur.
C'est toi, toi seule, ô ma beauté suprême !
Qui régneras sur mes sens et mon cœur.

Ne tarde plus, mon adorable père,
Ne tarde plus à venir dans mon cœur ;
Rien sans Jésus ne peut le satisfaire,
Tout autre objet est pour lui sans douceur.

Divin époux, tu descends dans mon âme ;
C'est aujourd'hui le plus beau de mes jours.
Que tout en moi se ranime et s'enflamme :
Mon doux Jésus, je t'aimerai toujours.

Il est à moi, ce Dieu si plein de charmes,
Mon bien-aimé, mon aimable Sauveur ;
Échappez-vous de mes yeux, douces larmes :
Coulez, coulez, annoncez mon bonheur.

Que ce bonheur est grand, incomparable !
Du saint amour je ressens les langueurs.
De ce beau feu, si pur, si désirable,
Ah ! qu'à jamais je goûte les douceurs !

III

DES ENFANS SE DISPOSENT A LA PREMIÈRE COMMUNION

Air : *Avec les jeux dans le village.*

A tes pieds ta chère jeunesse
Soupire après cet heureux jour,
Le chef-d'œuvre de ta tendresse,
Et le doux prix de leur amour.
Viens, accours, ô notre bon père !
Bientôt tu sécheras nos pleurs :
Tu banniras notre misère,
Tu peux seul contenter nos cœurs. (*Bis*)

Parents, secondez notre envie,
A notre Dieu portez nos vœux ;
Autour de nous que tout publie
Qu'avec lui seul on est heureux.
Parlez aussi, peuple fidèle,
Témoin de désirs innocents,
Applaudissez à notre zèle,
Priez pour vos jeunes enfants. (*Bis*)

IV

DES ENFANTS, AU MOMENT DE FAIRE LEUR PREMIÈRE COMMUNION, SE LIVRENT A LA JOIE

Air : *de l'iris.*

Qu'on est heureux au printemps de son âge :
Jésus chérit et bénit les enfants ;
Jésus se plaît à leur simple langage,
Jésus se plaît à leurs vœux innocents.

Nous l'éprouvons, il ne peut plus attendre
A couronner les vœux que nous formons
Oh ! le bon maître ! oh ! l'ami le plus tendre,
En peu de jours nous le posséderons.

Nos chers parents, secondez l'allégresse,
Qui se répand en tous nos jeunes cœurs.
Ah ! bénissons de Jésus la tendresse,
Ah ! bénissons de Jésus les faveurs.

V

APRÈS LEUR PREMIÈRE COMMUNION, DES ENFANTS REMERCIENT LE SEIGNEUR ET SE DISENT ADIEU

Air : *Vive Louis.*

Jésus, l'ami de la jeunesse,
A prêté l'oreille à nos vœux :

Je veux, dit-il dans sa tendresse,
Rendre tous ces enfants heureux.
A l'instant cet aimable père
Daigne descendre dans nos cœurs ;
Ah ! que nos cœurs, ah ! que nos cœurs
Ont été charmés de lui plaire ;
Ah ! que nos cœurs, ah ! que nos cœurs
Goûtent d'ineffables douceurs.

Pour le présent inestimable
Dont Dieu vient de nous honorer,
Un amour et vif et durable,
C'est là le prix qu'il faut donner.
Que notre cœur s'offre sans cesse,
Et répétons à tout instant :
Je suis content, je suis content,
Jésus m'accorde sa tendresse ;
Je suis content, je suis content,
Je vais vivre en le bénissant.

Jeunes amis que la tendresse
Unissait des nœuds les plus doux,
Nous avons appris la sagesse ;
Il en est temps, séparons-nous.
On va cesser de nous instruire ;
Il le faut donc, séparons-nous ;
Séparons-nous, séparons-nous,
Mais sans nous lasser de nous dire :
Méprisons tous, méprisons tous
Un monde trompeur et jaloux.

VI

SENTIMENTS D'AMOUR ET DE RECONNAISSANCE ENVERS JÉSUS-CHRIST

Air : *Je l'ai planté, je l'ai vu naître.*

Divin Jésus, que je vous aime !
Que ne puis-je vous faire aimer !

D'un si beau feu, beauté suprême,
Daignez, daignez tout enflammer.

Ah! qui pourrait jamais comprendre
L'amour dont brûle votre cœur,
Pour des enfants, dont, père tendre,
Toujours vous faites le bonheur.

Votre bonté compatissante
Vous fait rechercher le pécheur ;
Et si son âme est repentante,
Bientôt vous calmez sa douleur.

Oui, mon Jésus, votre tendresse
Vous engage à le recevoir
Avec des transports d'allégresse,
Quand il revient à son devoir.

Si sur la croix, Sauveur aimable,
Vous répandez tout votre sang ;
C'est qu'en lui, père charitable,
Vous reconnaissez votre enfant.

Quoi ! vous m'avez aimé de même,
Et je ne vous ai point aimé !
Que je meure, ou que je vous aime,
Qu'en vous soit ma félicité !

VII

DIVERS SENTIMENTS D'UNE AME PÉNÉTRÉE
DE L'AMOUR DE DIEU

Air : *Ah! vous dirai-je, maman.*

O digne objet de mes chants !
Daigne écouter mes accents,
Donne-moi cet amour tendre
Qui seul se fait bien entendre :
Règne à jamais sur mon cœur,
T'aimer, c'est tout mon bonheur.

Ah! Seigneur, à te servir
Que je trouve de plaisir!
Si mes yeux versent des larmes,
Mon cœur y trouve des charmes :
L'amour répand des douceurs
Sur l'amertume des pleurs.

Monde, tu donnes la loi
A ceux qui vivent pour toi;
Mais, que peux-tu sur une âme
Que l'amour divin enflamme?
Va, je connais tes douceurs;
Que d'épines sous tes fleurs!

Le Seigneur est mon appui,
Mon espérance est en lui :
Oui, je connais sa tendresse,
Il me tiendra sa promesse;
Une couronne m'attend
Si je l'aime constamment.

Hélas! je languis d'amour
Dans l'attente de ce jour.
Quand le céleste héritage
Deviendra-t-il mon partage?
Ah! serai-je assez heureux
Pour voir combler tous mes vœux?

Mondains, sujets aux revers,
Qui gémissez dans les fers,
Si vous pouvez le comprendre,
Venez donc enfin apprendre
Combien le Seigneur est doux
A qui l'a pris pour époux.

Heureux qui garde ses sens
Et qui combat ses penchants!
O cieux! chantez sa victoire,
Il régnera dans la gloire;

C'est là le prix des vertus
Que Dieu donne à ses élus.

Si vous craignez le combat,
De ce prix voyez l'éclat :
Ah! quittez enfin le crime,
Vous en seriez la victime ;
Dieu, las de tant de délais,
Frappe enfin, mais pour jamais.

VIII

SUR LA PURETÉ

Air *commun.*

D'un amour extrême,
Ah! que sans cesse je t'aime ;
Pour moi quel bonheur suprême,
Sainte pureté,
O vertu charmante!
Vertu ravissante,
Ta beauté m'enchante,
J'en suis transporté.

Quel bien ineffable!
Dans un corps si misérable,
Pour toi l'homme est fait semblable
A de purs esprits.
Heureux qui désire
Ton aimable empire,
Qui pour toi soupire,
O vertu sans prix!

O qu'une âme est belle!
A son Dieu toujours fidèle,
Et pour toi pleine de zèle,
Divine pudeur!
Trésor admirable!

Don incomparable !
Rien n'est plus aimable
Aux yeux du Seigneur.
Fuyons donc sans cesse,
Fuyons tout ce qui nous blesse,
Vous surtout, chère jeunesse,
Vivez chastement.
Quel triste naufrage !
Lorsque dans votre âge,
Hélas ! l'on s'engage
Dans l'égarement.
Qu'une impure flamme
N'entre jamais dans votre âme,
Que toujours ce vice infâme
Vous soit en horreur.
O vice exécrable !
Vice abominable,
Poison détestable,
Loin de notre cœur.

D'un Dieu la présence,
Le travail, la tempérance,
Sur vos sens la vigilance,
Font votre secours.
L'âme qui souhaite
La pudeur parfaite,
Cherche la retraite,
Aimez-la toujours.

Dieu plein de tendresse,
A vous il faut qu'on s'adresse,
Soutenez notre faiblesse,
Notre infirmité.
Que rien ne nous tente,
Que notre cœur sente
Une ardeur constante
Pour la pureté.

IV

Air : *Vous brillez seul en ces retraites.*

Vous qui voyez couler mes larmes,
Divin Jésus, calmez votre courroux ;
  Seigneur, finissez mes alarmes,
  Je n'ai point (*bis*) d'autre espoir qu'en vous.

  Je suis ingrat, je suis coupable,
J'ai mérité votre juste rigueur ;
  J'ai pu, Rédempteur adorable,
  Vous bannir (*bis*) de mon lâche cœur.

  Si vous frappez votre victime,
Contre vos coups, je ne puis murmurer ;
  Je vois la grandeur de mon crime,
  Et lui seul (*bis*) me fait expirer.

  Si vous suivez votre justice,
Je dois périr, mon malheur est certain ;
  Déjà j'entrevois mon supplice.
  Ah ! Seigneur (*bis*), tendez-moi la main.

  Dieu de bonté, je vous adore,
Par mes soupirs connaissez mon amour ;
  Je fuis le péché, je l'abhorre,
  Et pour vous (*bis*) je perdrai le jour.

  Du noir enfer l'horreur extrême
N'excite point mes mortelles douleurs ;
  Grand Dieu ! je vous crains, je vous aime ;
  Mais l'amour (*bis*) fait couler mes pleurs.

  Si je languis, si je soupire,
Dieu de mon cœur, ce n'est plus que pour vous ;
  Votre amour seul peut me suffire,
  Ce seul bien (*bis*) me tient lieu de tout.

  Soyez sensible à ma misère,
Voyez mes pleurs, rien ne peut les tarir.

Grand Dieu! si vous êtes mon père,
Ma langueur (*bis*) doit vous attendrir.

Je ne veux point cacher mon crime,
Et si je viens embrasser vos genoux,
C'est pour vous offrir la victime ;
Mais, hélas! (*bis*) suspendez vos coups.

N'exercez pas votre justice,
Je ne saurais y penser sans effroi;
J'ai trop mérité mon supplice
Un enfer (*bis*) est trop peu pour moi.

Suivez plutôt votre clémence,
Permettez-moi d'implorer son secours ;
Elle est mon unique espérance,
Et j'en fais (*bis*) mon dernier recours.

Ah! quel amour, quelle tendresse!
Vous m'exaucez, le pardon m'est promis;
Pour moi votre cœur s'intéresse,
Mes péchés (*bis*) me sont tous remis.

J'ai commencé par les délices,
Je m'en repens, et je veux m'en punir;
Je vais les changer en supplices,
C'est par là (*bis*) qu'il me faut finir.

X

A CHANTER DEVANT LE SAINT SACREMENT

Air : *Ah! vous dirai-je, maman.*

Dès qu'il nous donna le jour,
Mon Dieu n'eut pour nous qu'amour ;
Depuis, sa bonté touchante
Passa toujours notre attente ;
Mais de ses dons le plus beau,
C'est celui du saint Agneau.

Ce bienfait précieux,
Met le comble à tous nos vœux;
Chrétien, bannis tes alarmes,
Jésus vient sécher tes larmes;
Il t'appelle, ouvre ton cœur
Au divin consolateur.

Dieu bon, qui sais nous charmer,
Ah! qu'il est doux de t'aimer!
Ah! qu'il est doux de te plaire!
Ami, frère, époux et père:
Tu ne prends, pour tes enfants,
Que ces noms attendrissants.

Jésus, vainqueur de la mort,
Assure ici notre sort;
Ici, son sang est le gage
Que le ciel est mon partage;
Ici, Jésus va mourir
Pour me sauver, me bénir.

A l'autel, j'entends ta voix;
A l'autel, je vois ta croix.
A l'autel, comme au Calvaire,
Je vois expirer mon père.
O Jésus! pour tant d'amour,
Reçois mon cœur sans retour.

XI

POUR LES BÉNÉDICTIONS DU SAINT SACREMENT

AIR : Aimable croix.

Sur cet autel,
Ah! que vois-je paraître?
Jésus, mon roi, mon divin maître;
Sur cet autel,
Sainte victime,

Vous expiez mon crime.
    Sur cet autel.

    O doux Agneau !
L'amour vous sacrifie,
Et votre mort nous rend la vie ;
    O doux Agneau !
    Que votre flamme
Immole aussi mon âme,
    O doux Agneau !

    Embrasez-moi,
Embrasez tout le monde ;
Qu'à vos beaux feux chacun réponde :
    Embrasez-moi,
    Amour suprême,
Qu'à jamais je vous aime !
    Embrasez-moi.

    Bénissez-moi.
Dieu de miséricorde,
Souffrez qu'un pécheur vous aborde ;
    Bénissez-moi,
    Et quoiqu'indigne,
Par une grâce insigne,
    Bénissez-moi.

    De tout mon cœur,
Dans le sacré mystère
Je vous adore et vous révère
    De tout mon cœur :
    Bonté suprème,
Que toujours je vous aime
    De tout mon cœur !

    Tout est en feu
Sur ce trône de grâce ;
Pourquoi, mon cœur, es-tu de glace ?
    Tout est en feu,

Divine flamme,
Brûlez, brûlez mon âme,
Tout est en feu.

Pardon, mon Dieu,
De nos fautes commises,
De tant d'excès dans vos églises,
Pardon, mon Dieu,
De tant d'offenses,
De tant d'irrévérences,
Pardon, mon Dieu.

XII

SUR L'AMOUR DE NOTRE SEIGNEUR JÉSUS-CHRIST

Air : *Quand le péril est agréable.*

Jésus est mon amour,
Jésus est ma richesse ;
Et la nuit et le jour,
Je répète sans cesse,
L'amour !
Jésus est mon amour,
Et la nuit et le jour.

C'est un agneau si doux ;
Il est la douceur même ;
C'est un si tendre époux,
Sa tendresse est extrême.
L'amour, etc.

C'est notre médecin,
Notre excellent modèle,
Notre maître divin,
Notre ami très-fidèle.
L'amour, etc.

C'est notre bon pasteur,
C'est notre aimable frère ;

Notre médiateur
Entre nous et son père.
 L'amour, etc.

C'est enfin notre Dieu,
Qui pour nous s'est fait homme,
Ce qui donne tout lieu
Qu'on l'aime et qu'on le nomme.
 L'amour, etc.

Allons, mon âme, allons
Au bonheur véritable ;
Aimons Jésus, aimons
Le bien le plus aimable.
 L'amour, etc.

Qu'on ne me parle plus
Des grandeurs de ce monde ;
Je trouve dans Jésus
Le ciel, la terre et l'onde.
 L'amour, etc.

Qu'on ne me vante plus
Les savants de la terre ;
Je ne sais que Jésus,
Et Jésus au Calvaire.
 L'amour, etc.

Aimez Jésus, mon cœur !
Cherchez en tout sa gloire ;
Laissez ce grand vainqueur
Chanter sur vous victoire.
 L'amour, etc.

O mortels ! dites tous :
Mon Jésus, je vous aime,
Ou je dis contre vous
Mille fois anathème.
 L'amour, etc.

Je n'aime que Jésus
Je n'aime que Marie ;
Qu'on ne me parle plus
D'autre amour dans la vie.
    L'amour, etc.

XIII

Air : Toutes seules en ces bocages.

Le voilà, le roi des anges,
Le voilà devant nos yeux ;
Rendons-lui mille louanges ;
Sur la terre comme aux cieux.

Mortels, l'auriez vous pu croire,
Que sur un trône d'amour,
Parmi vous le roi de gloire
Voulût faire son séjour ?

Celui qui adore les anges,
Et qui fait trembler les cieux,
Daigne écouter nos louanges ;
Daigne ici combler nos vœux.

Plus il rabaisse sa gloire,
Plus il montre son amour,
Plus un fidèle doit croire,
Plus un cœur doit de retour.

Le ciel descend sur la terre,
Avec l'homme un Dieu s'unit ;
Quand nous lui faisons la guerre,
Est-ce ainsi qu'il nous punit ?

Vive Jésus dans mon âme,
Vive Jésus dans mon cœur ;
Jésus est toute ma flamme,
Jésus est tout mon bonheur.

XIV

AIR *commun*.

Jésus est dans l'hostie,
Pour nous donner la vie.
Je crois très-fermement
Que le corps adorable
D'un Sauveur tout aimable
Est au saint sacrement.
Jésus, etc.

Mon œil, mon goût, ma main,
Vous vous trompez sans doute;
Car si l'on vous écoute,
Vous dites : C'est du pain.
Jésus, etc.

Ce n'est point la couleur,
Le goût ni la figure;
C'est la foi qui m'assure
Que c'est là mon Sauveur.
Jésus, etc.

Sous ces faibles dehors
Tout le pain cesse d'être,
Aussitôt que le prêtre
Prononce : C'est mon corps.
Jésus, etc.

Mon Dieu, puisqu'en ce jour
Vous venez dans mon âme,
Faites qu'elle s'enflamme
De votre saint amour.
Jésus, etc.

O Dieu ! quelle faveur
Ne dois-je pas attendre
De l'amour doux et tendre

De mon divin Sauveur !
Jésus, etc.

XV

LES DOUX EFFETS DE LA COMMUNION

Air : *L'autre jour m'allant promener.*

Ah ! que je goûte de douceur
Quand Jésus repose en mon cœur ;
Des ennemis de mon bonheur
  Je ne crains plus les armes ;
Quand Jésus repose en mon cœur,
  Que mon sort à de charmes !

Je sens renaître mon ardeur
Quand Jésus repose en mon cœur ;
En vain du monde séducteur
  La beauté se présente :
Quand Jésus repose en mon cœur,
  Ce seul objet m'enchante.

Je foule aux pieds le faux honneur
Quand Jésus repose en mon cœur ;
Des fiers monarques la grandeur
  Lui cède la victoire.
Quand Jésus repose en mon cœur ;
  J'en fais toute ma gloire.

Puis-je goûter un bien trompeur
Quand Jésus repose en mon cœur ?
La grâce de ce doux Sauveur
  Me met dans l'abondance.
Quand Jésus repose en mon cœur,
  Ma richesse est immense.

Je suis content dans ma douleur
Quand Jésus repose en mon cœur,

Des croix j'embrasse la rigueur
  Comme un joug tout aimable.
Quand Jésus repose en mon cœur;
  Ma joie est ineffable.

XVI

Air : *De qui vous plaignez-vous?*

O que je suis heureux !
J'ai trouvé celui que j'aime;
O que je suis heureux !
Je tiens le roi des cieux;
Il est caché dans moi-même,
Pour ne briller qu'à mes yeux;
Je tiens celui que j'aime,
O que je suis heureux !

D'où me vient ce bonheur?
Quoi, mon Dieu me rend visite !
D'où me vient ce bonheur ?
D'où me vient ce bonheur ?
Dieu chez moi qui ne mérite
Que d'éprouver sa rigueur !
Mon Dieu me rend visite,
D'où me vient ce bonheur ?

Cieux, qu'avez-vous de plus ?
J'ai vos biens et votre gloire,
Cieux, qu'avez-vous de plus ?
J'ai tout en mon Jésus;
Il est vrai qu'il me faut croire
Et qu'il cache ses vertus;
Mais j'ai toute sa gloire;
Vous n'avez rien de plus.

Je vous tiens, mon époux;
Je vous tiens, Dieu de mon âme,

Je vous tiens, ô mon époux !
Tout à moi, tout à vous ;
Mettez partout votre flamme,
J'y consens, rien de si doux ;
Je vous tiens en mon âme,
O Jésus mon époux !

Brûlez, brûlez, mon cœur,
J'ai le feu dans ma poitrine ;
Brûlez, brûlez, mon cœur,
D'amour pour mon Sauveur ;
En sa présence divine,
Fondez-vous tout en douceur ;
J'ai Dieu dans ma poitrine,
Brûlez, brûlez, mon cœur.

Silence à tous mes sens,
Écoutons parler le maître ;
Silence à tous mes sens,
Ses oracles sont grands ;
Devant Dieu, tâchez tous d'être
Comme morts, sans mouvements ;
Écoutons parler le maître ;
Silence à tous mes sens.

Qu'on me laisse en repos,
Loin de moi la créature ;
Qu'on me laisse en repos,
Après tous mes travaux.
Je sens une paix si pure
Qu'elle pénètre mes os :
Adieu la créature,
Qu'on me laisse en repos.

Je n'ai point de retour,
Mon Seigneur, pour cette grâce,
Je n'ai point de retour
Digne de votre amour.

Faites que tout en ma place
Vous en loue nuit et jour,
Pour cette grande grâce
Je n'ai point de retour.

Parlez en ma faveur
A mon Dieu, Vierge Marie,
Parlez en ma faveur ;
Prêtez-moi votre cœur,
Afin que je glorifie
Avec lui Dieu mon Sauveur ;
O divine Marie !
Parlez, en ma faveur ;

Guérissez mes péchés,
Médecin très-charitable ;
Guérissez mes péchés :
Coupez et retranchez ;
Sans vous je suis incurable,
Car mes maux sont cachés.
Médecin très-charitable,
Guérissez mes péchés.

Régnez, mon cher Jésus,
Dans mon cœur et mes puissances ;
Régnez, mon cher Jésus,
Je ne résiste plus.
Pardon de mes négligences,
J'en suis contrit et confus ;
Dans toutes mes puissances
Régnez, mon cher Jésus.

XVII

LE TRANSPORT D'AMOUR

AIR : *Que le monde.*

J'ai mon âme
Toute de flamme ;

J'ai mon Sauveur
Au milieu de mon cœur ;
Grâce, grâce, grâce à l'amour
Qui de mon cœur triomphe en ce beau jour. (*Bis*)

XVIII

LES LARMES DE LA PÉNITENCE

Air : *des folies d'Espagne.*

Grâce, suspends l'arrêt de tes vengeances
Et détourne tes regards irrités ;
Tu vois mes pleurs : oppose à mes offenses,
A leur grandeur, celle de ta bonté.

De mes forfaits je connais l'étendue :
En tous lieux ils parlent contre moi.
Par mes remords mon âme confondue,
Ne prétend point disputer devant toi.

Tu m'as conduit dès ma plus tendre enfance ;
Sur ma faiblesse, ah ! puis-je m'excuser ?
Tu m'avais fait goûter ta connaissance ;
De tous tes dons je n'ai fait qu'abuser.

De nos péchés la foule m'environne,
Cœur trop perfide, en proie à mes remords :
Plein de terreur, je frémis, je frissonne,
Les yeux éteints, je descends chez les morts.

C'est du tombeau, c'est du fond de l'abîme
Que j'élève mes douloureux accents :
Dieu, fais monter à ton trône sublime,
D'un fils pécheur, la voix, les cris mourants.

Mon Dieu... ce nom, je le prononce encore,
Je t'ai perdu, j'ai cessé de t'aimer.
O juge ! écoute un coupable, il t'implore :
D'un nom plus doux je n'ose le nommer.

Dans les sanglots, l'amertume et les larmes,
Je repasse mes funestes plaisirs;
Voilà le fruit de ces jours pleins de charmes,
Le repentir, la honte et les soupirs.

Dieu, ces soupirs sont ma seule défense :
Un criminel espère t'attendrir;
N'as-tu pas donc un trésor de clémence?
O mon Sauveur! il est temps de l'ouvrir.

Que l'homme soit un juge inexorable;
Mais où l'esclave sut-il pardonner?
Oui, c'est d'un Dieu d'absoudre le coupable,
D'un Dieu qui seul pourrait le condamner.

Heureux celui que tu frappes en père!
Il te connaît par ta sévérité.
Ah! quels que soient les coups de ta colère,
Ton fils puni n'est pas déshérité.

LA PASSION

DE

NOTRE-SEIGNEUR JÉSUS-CHRIST

I

AIR : *Aussitôt que la lumière.*

Au sang qu'un Dieu va répandre,
Ah! mêlez du moins vos pleurs,
Chrétiens qui venez entendre
Le récit de ses douleurs;
Puisque c'est pour vos offenses
Que ce Dieu souffre aujourd'hui,
Animés par ses souffrances
Vivez et mourez pour lui.

Dans un jardin solitaire,
Il sent de rudes combats;

Il prie, il craint, il espère,
Son cœur veut et ne veut pas.
Tantôt la crainte est plus forte,
Tantôt l'amour est plus fort;
Mais enfin l'amour l'emporte,
Il se soumet à la mort.

Judas, que la fureur guide,
L'aborde d'un air soumis;
Il l'embrasse, et ce perfide
Le livre à ses ennemis.
Judas, un pécheur t'imite
Quand il feint de l'apaiser;
Souvent sa bouche hypocrite
Le trahit par un baiser.

On l'abandonne à la rage
De cent tigres inhumains;
Sur son aimable visage
Des soldats portent leurs mains;
Vous deviez, anges fidèles,
Témoins de ces attentats,
Ou le mettre sous vos ailes,
Ou frapper tous ces ingrats.

Ils le traînent au grand prêtre,
Qui seconde leur fureur,
Et ne veut le reconnaître
Que pour un blasphémateur.
Quand il jugera la terre,
Ce Sauveur aura son tour;
Aux éclats de son tonnerrre,
Tu le connaîtras un jour.

Tandis qu'il se sacrifie,
Tous conspirent à l'outrager;
Pierre lui-même l'oublie
Et le traite d'étranger. .

Mais Jésus perce son âme
D'un regard tendre et vainqueur,
Et met d'un seul trait de flamme
Le repentir dans son cœur.

Chez Pilate on le compare
Au dernier des scélérats.
Qu'entends-je? ô peuple barbare,
Tes cris sont pour Barrabas !
Quelle indigne préférence !
Le juste est abandonné ;
On condamne l'innocence,
Et le crime est pardonné.

On le dépouille, on l'attache,
Chacun arme son courroux :
Je vois cet agneau sans tache
Tombant presque sous les coups.
C'est à nous d'être victimes ;
Arrêtez, cruels bourreaux !
C'est pour effacer vos crimes
Que son sang coule à grands flots.

Une couronne cruelle
Perce son auguste front ;
A ce chef, à ce modèle,
Mondains, vous faites affront.
Il languit dans les supplices ;
C'est un homme de douleur :
Vous vivez dans les délices,
Vous vous couronnez de fleurs.

Il marche, il monte au Calvaire,
Chargé d'un infâme bois ;
De là, comme d'une chaire,
Il fait entendre sa voix :
Ciel, dérobe à la vengeance
Ceux qui m'osent outrager ;

C'est ainsi, quánd on l'offense,
Qu'un chrétien doit se venger.

Une troupe mutinée
L'insulte et crie à l'envi :
Qu'il change sa destinée,
Et nous croirons tous en lui.
Il peut la changer sans peine,
Malgré vos nœuds et vos clous;
Mais le nœud seul qui l'enchaîne,
C'est l'amour qu'il a pour nous.

Ah ! de ce lit de souffrance,
Seigneur, ne descendez pas;
Suspendez votre puissance,
Restez-y jusqu'au trépas.
Mais tenez votre promesse,
Attirez-nous après vous :
Pour prix de votre tendresse,
A vos pieds expirons tous.

Il meurt, toute la nature
Gémit, perdant son auteur;
Il n'est point de créature
Qui ne marque sa douleur.
Un spectacle si terrible
Ne pourra-t-il me toucher?
Et serai-je moins sensible
Que n'est le plus dur rocher?

II

Air *connu.*

JÉSUS AU JARDIN

Jésus voit la mort affreuse
Qui vient d'un air menaçant,
Pour être victorieuse,
Quoiqu'il soit le Tout-Puissant.

C'est moi qui suis le coupable,
Mais Jésus est innocent;
Ah! que je suis misérable;
Je le dis en soupirant.
Il voit toutes les offenses
De l'homme méconnaissant;
Le mépris de ses souffrances,
De sa mort et de son sang.
C'est moi qui, etc.

JÉSUS FLAGELLÉ.

O chose très-étonnante!
Une troupe de soldats,
Sur sa chair très-innocente
Décharge à grand tour de bras.
C'est moi, etc.

Il n'en peut plus, ce bon maître :
Son sang coule à gros ruisseaux,
Et les os se font paraître,
La chair tombe par lambeaux.
C'est moi, etc.

JÉSUS COURONNÉ D'ÉPINES.

Détaché de la colonne,
Ils lui mettent sur le front
Une piquante couronne,
Pour leur servir de bouffon.
C'est moi, etc.

Cette couronne cruelle
Lui transperce le cerveau;
A grands flots le sang ruisselle
Sur un visage si beau.
C'est moi, etc.

JÉSUS PORTANT SA CROIX.

On met une croix pesante
De quinze pieds de longueur.

Sur sa chair toute sanglante,
Pour augmenter sa douleur.
C'est moi, etc.

Il porte au lieu du supplice,
Par un amour très-ardent,
Le bois de son sacrifice,
Comme Isaac innocent.
C'est moi, etc.

JÉSUS CRUCIFIÉ.

Ah! je le vois qui rend l'âme
En jetant un grand soupir!
Je sens mon cœur qui se pâme
En voyant mon Dieu mourir.
C'est moi, etc.

O pécheurs abominables!
C'en est fait, Jésus est mort!
Nous en sommes les coupables,
Que deviendra notre sort?
C'est moi, etc.

JÉSUS DANS LE TOMBEAU.

Cherchons une paix profonde
Avec Jésus au tombeau,
Pour y vivre loin du monde
Et nous faire un cœur nouveau.
C'est moi, etc.

Pour éviter la vengeance
De Dieu le Père irrité,
Mettons-nous en assurance
Dans la plaie de son côté.
C'est moi, etc.

Pécheurs, faisons pénitence,
Car Jésus est mort pour nous;
Prenons part à sa souffrance :

Baisons ses pieds et ses clous.
C'est moi, etc.

Gravez dans votre mémoire
Votre mort et vos douleurs,
A fin d'avoir dans la gloire
Quelque part à vos grandeurs.
Hélas! nous sommes coupables!
Mais vous, vous êtes innocents;
Que nous sommes misérables!
Pleurons donc amèrement.

III

POUR LE JOUR DU VENDREDI SAINT

Air : *Faut attendre avec patience.*

Chrétiens pécheurs, ah! quel spectacle
Aujourd'hui vient frapper mes yeux!
Ces temples nus, ce tabernacle...
Que vois-je? O ciel!.... ô jour affreux!
Sur une croix ignominieuse
Le bon-maître vient de mourir :
D'un Dieu tendresse précieuse !
Pour nous sauver faut-il périr? (*Bis*)

Au pied de cette croix auguste,
Pécheur, reconnais-tu ton Dieu?
Contemple-le cet homme juste
S'immolant pour toi dans ce lieu ;
Quoi! je te vois frémir de rage
Contre ses perfides bourreaux;
Hélas! hélas! c'est ton ouvrage,
Tu fus l'auteur de tous ses maux. (*Bis*)

Tel fut le prix de la tendresse
De ton adorable Sauveur;
Et tu renouvelles sans cesse

Ses souffrances et sa douleur;
N'accuses plus de barbarie
Les Juifs, hélas! trop inhumains;
Ah! tous les jours avec furie
Dans son sang tu trempes les mains. (*Bis*)

Trop longtemps un coupable usage
Des dons de ce Dieu bienfaiteur
Avait jeté dans l'esclavage
Nos cœurs rebelles au Seigneur;
Jésus, en mourant, nous délivre
Des liens du perfide Satan;
C'est son trépas qui nous fait vivre,
Vivons et mourons en l'aimant. (*Bis*)

IV

AIR : *On ne vit plus dans nos forêts.*

Vive Jésus, vive sa croix,
Vive sa charité suprême!
Ce Sauveur mourant sur ce bois
Montre à quel excès il nous aime.
Chrétiens, chantons à haute voix :
Vive Jésus, vive sa croix!

Vive cette divine croix!
Ce grand Dieu l'ayant embrassée,
En a su faire un si beau choix,
Qu'il l'a de son sang arrosée.
Chrétiens, etc.

Vive cette divine croix!
En Jésus elle est adorable,
Bien loin d'être comme autrefois
A tous les humains méprisable.
Chrétiens, etc.

Vive cette divine croix!
C'est le sceptre du roi de gloire;

Il règne, il triomphe en ce bois,
C'est l'étendard de sa victoire.
Chrétiéns, etc.

Vive cette divine croix!
C'est l'instrument de ses miracles ;
C'est l'interprète de sa voix,
C'est la chaire de ses oracles.
Chrétiens, etc.

Vive cette divine croix !
Elle est mon unique espérance ;
Puisque ce doit être à son poids
Qu'on pèsera ma récompense.
Chrétiens, etc.

Triomphez donc, divine croix !
Et que partout on vous arbore ;
Que Jésus seul sur votre bois
Soit l'objet qu'en vous on adore.
Chrétiens, etc.

O bon Jésus! ô bonne croix!
O source! ô canal de la grâce !
Mon heureux sort, mon digne choix,
Je vous adore et vous embrasse.
Chrétiens, chantons à haute voix :
Vive Jésus, vive sa croix!

V

EN L HONNEUR DU SACRÉ CŒUR DE JÉSUS

Air : *Que je vous aime.*

Cœur adorable
De Jésus mon divin Sauveur,
Si le ciel nous est favorable,
Nous vous devons cette faveur,
Cœur, etc.

Vos excellences
Sont des cieux l'objet ravissant,
Dieu même y prend ses complaisances;
Il forma, comme en s'épuisant,
   Vos, etc.

   Cœur ineffable!
Des trésors le plus précieux,
Des objets le plus admirable,
Qui soit sur terre et dans les cieux!
   Cœur, etc.

   O cœur sublime!
Centre de toutes les vertus;
Mon cœur trop faiblement s'exprime
Sur tous vos divins attributs,
   O cœur, etc.

   Plaie amoureuse
Du cœur de mon divin époux!
Que mon âme serait heureuse
De se pouvoir loger en vous,
   Plaie, etc.

   O cœur propice!
A chaque instant sacrifié,
Pour calmer Dieu dans sa justice,
Regardez mon cœur en pitié,
   O cœur, etc.

   Combien de grâces
Me présentez-vous chaque jour!
Combien de moyens efficaces
Pour m'attirer à votre amour!
   Combien, etc.

   Je me dévoue
Et me consacre à votre amour;
Que mon cœur sans cesse vous loue,

Et s'unisse à vous nuit et jour,
    Je me, etc.

    Cœur charitable,
Si tendre pour tous les pécheurs!
Je vous fais amende honorable
De la dureté de nos cœurs,
    Cœur, etc.

    Cœur de Marie,
C'est de votre sang précieux
Que ce beau cœur reçut la vie;
Ranimez le mien par ses feux,
    Cœur, etc.

    Par cette flèche
Qui perça vos cœurs tour à tour,
Faites dans le mien une brèche
Pour expirer dans votre amour,
    Par cette, etc.

VI

COMPLAINTE A LA TRÈS-SAINTE VIERGE

AU PIED DE LA CROIX SUR LE *Stabat Mater*.

Même air.

Stabat Mater dolorosa, etc.

Lorsque Jésus, attaché sur la croix,
Mit l'univers par sa mort aux alarmes,
Sa mère était au pied de ce saint bois,
Triste et debout dans un torrent de larmes.

Cujus animam gementem, etc.

Ce fut alors qu'un glaive de douleur
Fut enfoncé dans cette âme innocente,
Qui gémissait au plus profond du cœur,
Sous le pressoir d'une peine assommante.

O quam tristis et afflicta! etc.

Oh! quels ennuis, oh! quelle affliction
Devait sentir cette mère bénite,
Voyant son fils, durant sa passion,
Entre les mains d'une troupe maudite.

Quæ mærebat et dolebas, etc.

Les maux affreux, l'indicible tourment
Que ce doux fils souffrait en sa présence,
Ne produisaient qu'angoisse et tremblement
Dans son esprit accablé de souffrance.

Quis est homo qui non fleret, etc.

Qui d'entre nous ne fondrait point en pleurs
En contemplant cette mère qui pleure;
Et qui pourrait, en voyant ses douleurs,
Ne point souffrir pour les maux qu'elle endure?

Quis posset non contristari, etc.

Quel cœur d'acier ne s'affligerait pas
Au triste aspect de cette mère auguste
Qui voit mourir son fils pour des ingrats,
Par un arrêt aussi cruel qu'injuste.

Pro peccatis suæ gentis, etc.

Ses yeux ont vu Jésus aux fouets soumis,
Pour les péchés d'un peuple si barbare;
Ses yeux l'ont vu, parmi ses ennemis,
Bien plus navré que Job ni que Lazare.

Vidit suum dulcem natum, etc.

Elle le voit pendu sur une croix,
Abandonné des anges et des hommes;
Elle le vit lorsqu'il fut aux abois
Pour le salut de tous tant que nous sommes.

Eia mater fons amoris, etc.

Mère d'amour, par vos vives douleurs,
Attirez-moi sur le mont du Calvaire,

Pour y mêler mes larmes à vos pleurs,
Et ressentir votre blessure amère.

Fac ut ardeat cor meum, etc.

Touchez mon cœur afin de l'enflammer
Pour l'Homme-Dieu, cher objet de ma flamme;
C'est lui tout seul que je désire aimer;
C'est à lui seul que veut plaire mon âme.

Sancta mater, istud agas, etc.

Reine du ciel, mère de mon Sauveur,
Miroir des saints, espoir des misérables,
Daignez graver dans le fond de mon cœur
De votre fils les plaies adorables.

Tui nati vulnerati, etc.

Faites-moi part des maux qu'il a soufferts,
Faites-moi part des blessures profondes
Qu'il endura pour m'affranchir des fers :
Son sang pouvait sauver dix mille mondes.

Fac me vere tecum flere, etc.

Que mes soupirs, mes pleurs et mes regrets
Durent autant que durera ma vie,
Et qu'avec vous, sans dire c'est assez,
Je pleure un Dieu mis en croix par envie.

Justa crucem tecum stare, etc.

Tout mon désir est d'être auprès de vous,
Proche la croix, mon unique espérance,
Pour embrasser de Jésus les genoux,
Et compatir à sa dure souffrance.

Virgo Virginum præclara, etc.

Vierge sans pair, de nos vierges l'honneur,
Ayez pour moi vos douceurs ordinaires,
Et permettez que le deuil de mon cœur
Suive en tous lieux vos tristesses amères.

Fac ut portem christi mortem, etc.

Faites partout que je porte sur moi
D'un Dieu mourant les véritables marques,

Et que l'honneur des plaies de mon roi
Me soit plus cher que l'or des monarques.

Fac me plagis vulner ari, etc.

Que pour l'amour de votre aimable fils
Je sois sans fin navré de ses blessures,
Et que mon cœur aux pieds d'un crucifix
Boive à longs traits parmi tant d'ouvertures,

Inflammatus et accensus, etc.

Embrasez-moi du feu de son amour,
Assistez-moi, Marie incomparable,
Au jour des pleurs, en ce terrible jour
Où l'on doit avoir un juge inexorable.

Fac me cruce custodiri, etc.

Que par sa croix et par sa sainte mort
Je sois muni d'une grâce abondante,
D'un ferme espoir, d'un puissant confort,
Pour m'opposer à tout ce qui me tente.

Quando corpus morietur, etc.

Faites enfin que quand mon corps mourra,
Mon âme soit conduite dans la gloire,
Où pour jamais elle contemplera
Son cher époux, l'auteur de sa victoire.

VII

DÉVOTION A JÉSUS SOUFFRANT ET MOURANT
SUR LE CALVAIRE

Air : *Un chapeau de paille.*

Hélas ! le Turc retient le saint Calvaire
Où Jésus-Christ est mort ;
Il faut, chrétiens, chez nous-mêmes le faire ;
Faisons un calvaire ici,
Faisons un calvaire.

Tâchons d'avoir cette sainte montagne,
Par un divin transport,

Dans notre cœur et dans notre campagne;
    Faisons un calvaire ici, etc.

Laisserons-nous dedans l'ignominie
    Notre-Seigneur et Dieu,
Qui par amour nous a donné sa vie?
    Faisons un calvaire ici, etc.

O qu'en ce lieu l'on verra de merveilles!
    Que de conversions!
De guérisons, de grâces sans pareilles!
    Faisons un calvaire ici, etc.

JÉSUS.

Oui, je le veux, il y va de ma gloire,
    Et du haut de la croix,
Je chanterai dans ce saint lieu victoire.
    Faites mon calvaire ici,
      Faites mon calvaire.

TOUS LES CHRÉTIENS S'ÉCRIENT D'UNE COMMUNE VOIX.

Travaillons tous à ce divin ouvrage;
    Dieu nous bénira tous.
Grands et petits, de tout sexe et tout âge,
    Faisons un calvaire à Dieu,
      Faisons un calvaire.

POUR S'ÉCRIER D'ALLER AU CALVAIRE, ON PEUT RÉPÉTER :

Allons au calvaire, allons,
    Allons au calvaire.

VIII

AIR : *A mon secours.*

Vive Jésus!

Avec la croix, son cher partage,
    Vive Jésus!
Dans le cœur de tous les élus,
La croix de son cœur est le gage,

Fût-il un plus bel héritage ?
>> Vive Jésus !

Portons la croix,
Sans choix, sans ennui, sans murmure,
Portons la croix.
Quand nous en serions aux abois ;
Quoique très-amère et très-dure,
Malgré les sens et la nature,
Portons la croix.

Braves soldats,
Portons bien nos croix différentes,
Braves soldats,
Leur prix couronne nos combats,
Celles qui sont plus accablantes
Sont aussi les plus éclatantes,
Braves soldats.

LES BONTÉS DE LA SAINTE VIERGE

ENVERS SES SERVITEURS

I

Air : *Mon Dieu dispose de tout.*

Écoutez, pauvres pécheurs, les bontés de Marie ;
Elle m'a comblé de biens,
Et c'est d'elle que je tiens
La vie, la vie, la vie.

J'ai mérité mille fois une mort éternelle,
L'enfer m'est justement dû.
Je serais déjà perdu,
Sans elle, sans elle, sans elle.

Dieu prêt de me condamner, cette mère très-tendre
L'a tant prié, tant pressé,
Qu'il s'est vu comme forcé
D'attendre, d'attendre, d'attendre.

Le démon m'attaque-t-il avec toute sa suite,
    Je la prie incontinent :
    Au nom de Marie, il prend
    La fuite, la fuite, la fuite.

Qu'est-ce qui peut engager cette grande princesse
    A prendre soin d'un pécheur?
    C'est où l'amour de son cœur
    L'abaisse, l'abaisse, l'abaisse.

Quelqu'un de vous, ô pécheur veut-il rompre sa chaîne
    Et s'empêcher de périr?
    Qu'il vienne donc la servir,
    Qu'il vienne, qu'il vienne, qu'il vienne.

Quelqu'un veut-il ressentir sa douceur maternelle?
    Qu'il l'imite fermement,
    Et qu'il lui soit constamment
    Fidèle, fidèle, fidèle.

II

EN L'HONNEUR DE MARIE

AIR : *Te bien aimer, ô ma chère Zélie!*

Reine des cieux! tendre, aimable Marie,
Qu'il nous est doux de chanter vos faveurs!
Heureux celui qui consacre sa vie
A vous bénir, à vous gagner des cœurs!

Que de bienfaits, que de grâces touchantes
Vous répandez sur vos enfants chéris!
Tous sont aimés : les âmes repentantes,
Vous les nommez vos fidèles amis.

Juste, bénis ta bienfaisante mère,
De qui viennent tes nobles sentiments,
Ta foi, ton zèle et ta vive prière,
De ton âme les sublimes élans!

Oui, tu dois tout à cet amour si tendre,
Qui garantit et sauva ton berceau :
Marie a su, chaque jour, te le rendre
Comme un présent, comme un bienfait nouveau.

Tu vis encore, ô coupable victime,
Pécheur souillé de mille égarements !
Qui te retient sur le bord de l'abîme ?
Qui différa tes horribles tourments ?

Ingrat, peux-tu longtemps la méconnaître
La main d'où part un bienfait aussi doux ?
Marie osa de ton souverain maître,
Jusqu'à ce jour, suspendre le courroux.

Ah ! vois pour toi ses yeux baignés de larmes,
Ah ! de son cœur compte chaque soupir ;
Sa voix touchante et si pleine de charmes
De ton retour exprime le désir.

Vole en ses bras, elle est encore ta mère,
Prête l'oreille à ses tristes accents.
Fils bien-aimé, de ta douleur amère,
Viens dans mon sein calmer les mouvements.

Tu m'as coûté tout le sang de mes veines
Quand je devins mère de ton Sauveur.
J'ai tant souffert ! ah ! pour prix de mes peines,
Accorde-moi l'empire de ton cœur.

Tendre Marie, à l'âme si coupable,
Quand vous offrez une telle bonté,
Vous assurez au repentir durable
La couronne de la fidélité.

III

SUR LA COURONNE DE LA SAINTE VIERGE

AIR *connu.*

Couronnons la reine des anges,
Sur la terre comme aux cieux ;

En tout temps, en tous lieux,
Faisons retentir ses louanges.
Couronnons, etc.

Dans ce jour Dieu fait une fête
À la reine de sa cour ;
Après Dieu, tour à tour,
Les anges couronnent sa tête.
Couronnons, etc.

Sa lumière est plus éclatante
Que celle des chérubins ;
Le feu des séraphins,
Souffle une flamme moins ardente.
Couronnons, etc.

Quelle cour toujours l'environne.
Tous les trônes glorieux
Et les vertus des cieux,
Sont les fleurons de sa couronne.
Couronnons, etc.

Elle est plus que tous les archanges
Fidèle à son créateur,
Plus zélée en son cœur,
Et plus pure que tous les anges.
Couronnons, etc.

Tout le ciel en réjouissance
Retentit de ses grandeurs ;
Les anges à neuf chœurs
Célèbrent ta magnificence.
Couronnons, etc.

O céleste ! ô douce harmonie !
O angéliques concerts,
Faites qu'en l'univers
Tout retentisse de Marie.
Couronnons, etc.

Gloire, amour, honneur et louanges
  A cette reine des cieux;
  En tout temps, en tous lieux,
Vive Notre-Dame des Anges!
Couronnons, etc.

IV

Air : *Joseph, mon cher fidèle.*

J'aime ardemment Marie.
Après Dieu mon Sauveur;
Je donnerais ma vie,
Pour lui gagner un cœur.

O la bonne maîtresse!
Si on la connaissait,
Chacun ferait la presse
A qui la servirait.

Un Dieu par son exemple
M'inspire cet amour;
Il fait d'elle son temple,
Son trône et son séjour.
O la bonne, etc.

Marie est sans pareille
Parmi les bienheureux;
C'est la grande merveille
De la terre et des cieux;
Elle est la souveraine
De tout cet univers;
Elle a dans son domaine
Le ciel et les enfers.

Elle est immaculée
Dans sa conception;
Dès lors Dieu l'a comblée
De bénédiction.
Enfin elle surpasse

Tout ce qui n'est pas Dieu ;
Par justice et par grâce,
Elle a le premier lieu.

Son mérite m'oblige
A l'aimer tendrement ;
Mon intérêt l'exige,
Puis-je faire autrement?
C'est le plus beau modèle
Que je puisse imiter ;
Tout bien me vient par elle,
Je dois donc la prier.

Serviteur de Marie,
Que votre état est grand !
Il n'est point dans la vie
De bonheur plus charmant ;
Demeurez-lui fidèle,
Vous serez bienheureux ;
C'est la porte et l'échelle
Par où l'on entre aux cieux.

O mon auguste reine,
Que votre empire est doux !
Soyez ma souveraine,
Je me consacre à vous :
C'est vous que je réclame,
Après Dieu mon Sauveur,
Pour être de mon âme
La vie et le bonheur.

***

V

Air *connu.*

Que le monde,
Que l'enfer gronde ;
Gloire en tous lieux
A la reine des cieux.

Vite, vite, saluons-la,
En lui disant mille *Ave Maria*.

Ou bien

Vive, vive dans tous lieux
L'auguste nom de la reine des cieux !
Qu'on publie
Partout Marie
Sa sainteté,
Sa gloire et sa bonté.
Vite, etc.

Qu'elle est belle !
Qu'elle est-fidèle !
D'aucun péché
Son cœur ne fut taché.
Vite, etc.

Dans l'orage point de naufrage ;
Point de malheurs
Pour ses bons serviteurs.
Vite, etc.

C'est par elle
Que j'en appelle
A la bonté
Du Seigneur irrité.
Vite, etc.

Sa clémence,
Sa vigilance
Prend mille soins
De nous dans nos besoins.
Vite, etc.

C'est la reine,
La souveraine
De l'univers,
Du ciel et des enfers.
Vite, etc.

Par la grâce,
Elle surpasse
Les plus grands saints,
Les plus hauts séraphins.
Vite, etc.

O Marie !
La douce vie !.
A vous servir
Qu'on goûte du plaisir !
Vite, etc.

Prenez mon cœur
Et le donnez à Jésus mon
Sauveur
Vite, etc.

Vierge aimable,
Mère admirable,
On ne puet pas
Exprimer vos appas.
Vite, etc.

Vierge mère,
Je vous révère ;
Je vous bénis
Avec votre cher fils.
Vite, etc.

Je vous aime
Plus que moi-même,
Plus que mon cœur
Après Dieu mon Sauveur.
Vive, vive, vive Jésus !
Vive Marie en mon
Cœur, et rien de plus !

VI

Air : *Bénissons à jamais.*

Que tout chante et publie

D'un ton bien relevé,
Les grandeurs de l'*Ave*
En l'honneur de Marie.
Par l'*Ave Maria*,
Le péché se détruira.
Par l'*Ave Maria*,
Le grand Jésus régnera.
Par l'*Ave Maria*,
Toute grâce nous viendra.

O prière excellente !
Si l'on vous connaissait,
Sans cesse on vous dirait
D'une voix éclatante.
Par l'*Ave*, etc.

Si j'étais un tonnerre,
J'apprendrais en tous lieux
Cet *Ave* merveilleux
Aux pécheurs de la terre.
Par l'*Ave*, etc.

Tous les saints et les anges
Le chantent dans les cieux ;
Qui le dit avec eux,
Répond à leurs louanges.
Par l'*Ave*, etc.

Jamais un hérétique,
Jamais un réprouvé
A-t-il bien éprouvé
Sa douceur angélique ?
Par l'*Ave*, etc.

Vérité très-constante,
Un vrai prédestiné,
Sans être gêné,
Le répète et le chante.
Par l'*Ave*, etc.

Un impie, au contraire,
Ou bien ne le dit pas,
Ou n'en fait pas grand cas ;
O le secret mystère !
Par l'*Ave*, etc.

Ames prédestinées,
C'est à vous à chanter,
C'est à vous de goûter
Cette manne cachée.
Par l'*Ave*, etc.

C'est le salut de vie,
C'est le doux compliment
Qui ravit puissamment
Et Jésus et Marie.
Par l'*Ave*, etc.

L'*Ave* gagne Marie,
Même encore aujourd'hui,
Son cœur en est ravi,
Et son âme attendrie.
Par l'*Ave*, etc.

L'*Ave* contient les charmes
Auxquels tout est soumis :
Les plus grands ennemis
Sont vaincus par ses armes.
Par l'*Ave*, etc.

Dieu même en sa colère
Ne peut lui résister :
S'il l'entend réciter,
De juge il devient père.
Par l'*Ave*, etc.

C'est une arme puissante
Dans la tentation ;
Et dans l'affliction,

Une douceur charmante.
Par l'*Ave*, etc.

Il obtient l'indulgence
Et la grâce au pécheur,
Au juste la ferveur
Et la persévérance.
Par l'*Ave*, etc.

Celui qui le récite
Souvent, et comme il faut,
Obtient tout du Très-Haut,
Et met Satan en fuite.
Par l'*Ave*, etc.

Chose incompréhensible !
Un seul *Ave* bien dit
Vaut mieux, sans contredit,
Que ce monde visible.
Par l'*Ave*, etc.

Loin de moi gens critiques,
Qui blâmez en secret
L'*Ave*, le chapelet,
Comme les hérétiques.
Par l'*Ave*, etc.

Enfants de Dieu le père,
Membres de Jésus-Christ,
Temples du Saint-Esprit,
Faisons cette prière.
Par l'*Ave*, etc.

O conseil salutaire !
O excellent secret !
Pour devenir parfait,
Par jour dire un rosaire.
Par l'*Ave*, etc.

VII

A NOTRE-DAME DE BON-SECOURS

AIR : *Or nous dites Marie, etc., ou Joseph, etc.*

Je mets ma confiance,
Vierge, en votre secours;
Servez-moi de défense,
Prenez soin de mes jours,
Et quand ma dernière heure
Viendra fixer mon sort,
Obtenez que je meure
De la plus sainte mort.

Sainte Vierge Marie,
Asile des pécheurs,
Prenez part, je vous prie,
A mes justes frayeurs;
Vous êtes mon refuge,
Votre fils est mon roi;
Mais il sera mon juge,
Intercédez pour moi.

Ah! soyez-moi propice
Avant que de mourir;
Apaisez sa justice,
Je crains de la subir;
Mèr' pleine de zèle,
Protégez votre enfant;
Je vous serai toujours fidèle
Jusqu'au dernier instant.

A dessein de vous plaire,
O reine de mon cœur!
Je promets ne rien faire
Qui blesse votre honneur;
Je veux que par hommage·
Ceux qui me sont sujets,

En tout lieu, à tout âge,
Prennent vos intérêts.

Voyez couler mes larmes,
Mère du bel amour;
Finissez mes alarmes
Dans ce mortel séjour;
Venez rompre mes chaînes,
Pour m'approcher de vous;
Aimable souveraine,
Que mon sort serait doux !

Vous êtes, Vierge mère,
Après Dieu, mon support;
Je sais qu'il est mon père,
Mais vous êtes mon sort;
Faites que dans la gloire,
Parmi les bienheureux,
Je chante la victoire
Du monarque des cieux.

PARAPHRASE SUR LE MAGNIFICAT

Un ange ayant dit à Marie
Qu'elle concevrait Jésus-Christ,
Et que ce divin fruit de vie
Serait l'œuvre du Saint-Esprit;

Elle ravie
S'en va chez sa cousine, et dit :
Magnificat anima mea Dominum,
Et exultavit spiritus meus.

Quand je contemple ce mystère
Et mon ineffable bonheur,
Que je sois moi-même la mère
De mon souverain Rédempteur,

Sans aucun père,
Je sens absorber tout mon cœur.

In Deo salutari meo
Quia respexit humilitatem ancillæ suæ.

Je me suis toujours conservée
Dans ma profonde humilité,
C'est pourquoi je suis élevée
A cette haute dignité

Si révérée,
Sans pourtant l'avoir mérité.

Ecce enim ex hoc beatam me dicent omnes generationes.
Quia fecit mihi magna qui potens est.

Dieu qui peut tout, pouvait-il faire
A mon égard rien de plus grand?
Tout ensemble être vierge et mère,
Que ce prodige est étonnant!

Tout le révère,
Et j'en bénis le Tout-Puissant.

Et sanctum nomen ejus.
Et misericordia ejus a progenie in progenies.

Dieu voyant l'extrême misère
Où l'homme se trouvait réduit,
En fut touché, comme un bon père
L'est d'un enfant qu'il a produit;

Peut-il plus faire
Que de nous donner son cher fils?

Timentibus eum.
Fecit potentiam in brachio suo.

S'il aime tant ceux qui le craignent,
Qu'il n'en perd point le souvenir,
Les pécheurs aussi le contraignent
D'armer son bras pour les punir;

Si les bons règnent
Et s'il fait les humbles chérir,

Dispersit superbos mente cordis sui.
Deposuit potentes de sede.

Nous voyons les anges rebelles
Ressentir l'effet de sa main,
Pour n'avoir pas été fidèles
Aux ordres de leur souverain :

O infidèles !
Il dompta votre cœur hautain.

Et exaltavit humiles
Esurientes implevit bonis.

Nous étions tous dans l'indigence,
Au lieu que tous ses purs esprits
Pouvaient jouir de l'abondance
De tous les biens du paradis ;

Mais sa clémence
Nous enrichit de leurs débris.

Et divites dimisit inanes.
Suscepit Israël puerum suum.

Recevons ce roi débonnaire,
Après avoir longtemps gémi
Sous le poids de notre misère
Toujours battus de l'ennemi.

La paix entière
Est ce qu'il apporte avec lui.

Recordatus misericordiæ suæ.
Sicut locutus est ad patres nostros.

C'est pour accomplir ses promesses
Qu'il avait fait à nos parents,
De venir bannir leurs tristesses
Et les faire participants

De ses richesses,
Et qu'il ferait grâce en tout temps.

Abraham et semini ejus in sæcula,
Gloria Patri, et Filio,

Ne perdons jamais la mémoire
De tant d'innombrables faveurs ;
Et si nous avons la victoire
Sur les ennemis de nos cœurs,
    Rendons-en gloire
Au père, au fils mêmes honneurs.

Et Spiritui sancto. :
Sicut erat in principio et nunc et semper.

    Ce Dieu n'a point commencé d'être,
    Et son règne a toujours été ;
    Si dans le temps il veut paraître,
    C'est son ineffable bonté

      Qui l'a fait naître,
Quoique Dieu dans l'éternité.

Et in sæcula sæculorum. Amen.

FIN DES CANTIQUES.